쉽고 소박한 문성희의 자연 요리
평화가 깃든 밥상

쉽고 소박한 문성희의 자연 요리
평화가 깃든 밥상

2009년 7월 20일 초판 1쇄 발행. 2021년 1월 8일 초판 14쇄 발행. 문성희가 쓰고 요리를 하였으며, 김승범이 사진을 찍었습니다. 도서출판 샨티에서 이홍용과 박정은이 기획하고 양인숙이 편집을 하였으며, 이강혜가 마케팅을 합니다. design Vita와 김현진이 본문 및 표지 디자인을 하였으며, 본문 삽화는 이달이 그렸습니다. 음식을 담은 그릇의 일부는 고효숙이 만든 도자기 작품입니다. 제판은 교보피앤비, 인쇄 및 제본은 상지사에서 하였습니다. 출판사 등록일 및 등록번호는 제25100-2017-000092호이고, 주소는 서울시 은평구 은평로 3길 34-2, 전화는 (02) 3143-6360, 팩스는 (02) 6455-6367, E-MAIL은 shantibooks@naver.com입니다. 이 책의 ISBN은 978-89-91075-54-2 13590이고, 정가는 15,000원입니다.

이 도서의 국립중앙도서관 출판시도서목록(CIP)은 e-CIP홈페이지(http://www.nl.go.kr/ecip)에서 이용하실 수 있습니다.(CIP제어번호: CIP2010004499)

✱ 이 책에 담긴 음식의 모든 재료는 친환경·유기농 재료들이며,
아이쿱(iCOOP)생협(www.icoop.or.kr)에서 지원해주었습니다.

쉽고 소박한 문성희의 자연 요리
평화가 깃든 밥상

【산티】

차례

여는 글	평화를 찾는 지치고 외로운 영혼들에게 드리는 밥상	8
요리가 즐거운 주방 1	모든 밥상을 완성시키는 양념 재료들	12
요리가 즐거운 주방 2	자연을 담은 주방용품들	16
요리 솜씨 비법 1	신선한 재료로 요리하기	18
요리 솜씨 비법 2	쉽고 즐겁게 요리하기	20
요리 솜씨 비법 3	마음을 편안히 한 뒤에 요리하기	22
	일러두기	23

내 가족의 건강을 살리는 열두 밥상

영양 많은 음식으로 나를 대접하고 싶은 날   28
무호두탕국/ 두부표고호박구이/ 시금치된장나물/ 무청영양밥

잃어버린 입맛을 되찾고 싶은 날   36
생된장비빔밥/ 청국장찌개/ 산나물잡채/ 깻잎고수장떡

스트레스와 피로를 말끔히 날려 보내고 싶은 날   44
인디언신선로/ 채소팔보채/ 깻잎조림/ 단호박밤밥

맛있는 채소를 듬뿍 먹고 싶은 날   52
버섯채소샤브샤브/ 참깨·사과소스

든든한 보양식으로 원기를 찾고 싶은 날   58
사찰보양전골/ 장김치된장지짐이/ 무청들깨나물/ 밤대추은행팥밥

쉽고 화려한 파티상을 차리고 싶은 날   66
채식철판구이/ 참다래·들깨·토마토소스

무의 색다른 맛을 즐기고 싶은 날   72
채소전유어/ 무밤찜

다이어트를 위해 가볍게 먹고 싶은 날   78
삼색전병보쌈/ 찐 채소/ 무청된장국

입맛 당기는 별미를 즐기고 싶은 날 장소스냉국수/ 약초맛물온국수/ 오미자효소비빔국수	84
몸에 좋은 분식을 먹고 싶은 날 장김치김밥과 유부초밥/ 약선우동	90
아이와 함께 건강 밥상을 차리고 싶은 날 토마토소스덮밥/ 콩채소수프/ 유자청드레싱샐러드	96
집에서 외식 기분을 내고 싶은 날 누룽지고구마피자/ 크림소스감자도리아/ 오리엔탈드레싱샐러드	102

몸과 마음이 편안한
일곱 죽상

위와 장을 편안하게 어루만져주고 싶은 날 참마죽/ 무나물/ 겨자채/ 참마샐러드	112
마음을 차분히 가라앉히고 싶은 날 송엽말죽/ 오이사과연근 즉석피클/ 말린 애호박나물	120
처진 마음과 몸을 일으켜 세우고 싶은 날 무청시래기죽/ 버섯장조림/ 홍시드레싱샐러드	126
외로움과 고독, 슬픔을 달래고 싶은 날 대추죽/ 산나물찜/ 오미자물김치	132
과음, 과식으로 힘든 속을 풀어주고 싶은 날 무구기자죽/ 김무침/ 생나물겉절이	138
고소하고 부드러운 맛으로 기운을 북돋우고 싶은 날 보리잣죽/ 배추들깨나물/ 연두부우이샐러드	144
쌉싸래한 맛으로 입맛 살리고 싶은 날 치자아욱죽/ 연근우엉고구마조림/ 백김치	150

엄마의 사랑이 듬뿍 담긴 # 안심 간식	아이들이 참 좋아하는 떡볶이와 떡꼬치	164
	사랑을 전하는 새콤달콤한 애플파이	168
	담백하고 부드러운 단호박케이크	172
	건강하게 즐길 수 있는 채식자장면과 김치스파게티	176
	안심하고 먹을 수 있는 두유마요네즈 호밀빵샌드위치	180
	오곡가루로 빚은 호떡과 부꾸미	184

시원하고 담백한 # 약선 김치	샐러드보다 깊은 맛 과일보쌈김치와 통배추김치	192
	시원하고 향이 좋은 백김치와 오미자물김치	198
	새콤하게 입맛을 당기는 배추 장김치	204

맛과 풍미를 돋우는 # 효소와 소스	몸 에너지를 깨우는 산야초 효소	212
	미감을 깨우는 오미자 효소	214
	채식 요리를 더욱 맛있게 먹을 수 있는 열일곱 가지 소스	216

오리엔탈드레싱/ 호두겨자드레싱/ 홍시드레싱/ 대추드레싱/ 유자청드레싱
된장오미자드레싱/ 겨자소스/ 오미자효소소스/ 고수소스/ 참깨소스/ 참깨겨자소스
들깨소스/ 참다래소스/ 토마토소스/ 사과소스/ 두유마요네즈소스/ 고추기름소스

먹고 사는 이야기	채식의 영양 밸런스	35
	소금, 어떻게 고르지?	51
	세포를 살리는 생식가루 만들기	65
	손쉽게 만드는 향 깊은 들풀차, 들꽃차	77
	텅 빈 쾌감, 단식	156
	유기농 제품을 살 수 있는 곳	220

알아두면 좋은 TIP

항목	페이지
청국장 만드는 법	40
고추기름 만드는 법	41
채소 부침 반죽하는 법	42
오곡가루 만드는 법	48
약초맛물 만드는 법	55
무청시래기 삶는 법	63
두부 으깨는 법	63
팥 삶는 법	64
토마토 농축액 만드는 법	70
치자물 우리는 법	75
찜 요리 화력 조절하는 법	76
겨자 개는 법	81
채소 찌는 법	82
된장국 맛있게 끓이는 법	83
국수 삶는 법	87
누룽지 만드는 법	105
크림소스 만드는 법	106
무로 다양한 요리 만드는 법	116
마 손질하는 법	118
솔잎으로 효소 만드는 법	123
대추로 차 만드는 법	135
죽 젓는 법	141
잣 다지는 법	147
들깨가루 만드는 법	148
백김치국수 만드는 법	155
채소를 맛있게 볶는 법	166
찐빵과 쿠키 만드는 법	175
스파게티 면 삶는 법	179
두유마요네즈로 샐러드 만드는 법	183
배추 절이는 법	195

여는 글

평화를 찾는 지치고 외로운 영혼들에게 드리는 밥상

삼십여 년 전, 한 잡지에 실린 "요즘 잘 나간다는 요리 연구가들의 음식을 보면 먹는 걸 가지고 장난 치고 있다는 느낌이 든다"라는 내용의 칼럼을 읽으면서 심한 자괴감에 빠진 일이 있습니다. 여성 잡지에 화려한 요리 화보를 장식하는 몇 안 되는 요리 선생 중의 하나인 내게는 양심을 찌르는 듯한 소리로 들린 거예요. 그때부터 고민이 화두처럼 생겨났어요. "에티오피아 아이들은 굶어 죽는다는데 음식을 가지고 이렇게 사치를 부려도 되나?" "생명을 살리는 음식이 대체 뭘까?" 등등 회의가 계속되면서 책방을 뒤지며 공부를 하기 시작했습니다. 그때 만난 게 일본의 니시 선생의 자연식이나 기준성 선생의 자연식, 안현필 박사의 현미식 등에 관한 책이었는데, 그 당시의 문화와 정서에는 맞지 않는 것 같아 내겐 크게 와 닿지 않았어요.

이십 년이 지난 1990년대에 들어서야 먹는 음식이 곧 생명이라는 생각으로 나는 다시 책방을 돌기 시작했고, 우리나라 음식 중에 사찰 음식이 가장 좋은 음식이라고 생각되어 사찰 요리 연구회를 만들었습니다.

그리고 어느날 우연히 햇볕과 바람에 말린 생식을 먹게 되면서 몸 세포가 변하고 마음이 안정되는 걸 느끼고 영혼이 무엇을 찾는지 확신하게 되었어요. 그리곤 자연스럽게 요리 학원을 떠나게 되었습니다.

그 후로 한때는 굳이 요리를 왜 만들어 먹어야 하는지 모르겠다는 생각에 거친 밥과 생식으로 여러 해를 살았고, 간간이 요리 강의를 해달라는 요청이 들어오면 "할 게 없는데 무슨 강의를 하냐?"며 손사래를 치기도 했습니다. 그러다가 부산의 '한살림'에서 계절 채소 요리 강좌를 하자고 해서 한 번 했더니, 이후로 아토피 아이들을 둔 엄마들의 요청이 잇따라 과거와는 다른 요리 수업을 조금씩 하게 되었어요. 그렇게 시간이 흐르면서 요리 수업 내용이 수정·보완되었고 생활협동조합·환경운동연합·녹색생명학교·여성환경연대 등 여러 단체들과 '윤리적·생태적·자연적·생명적'인 밥상 차리기, '평화가 깃든' 밥상 차리기 그리고 '지구를 위한' 밥상 차리기로 관심사가 확대되었습니다. 이런 모든 일이 내게는 아주 자연스럽게 받아들여졌어요. 어쩌면 내 몸과 내 의식이 예전부터 찾고 있던 것이었는지도 모르겠습니다.

지난 이십 년 동안 온갖 화려하고 사치스러운 음식을 먹고 만들고 가르쳐 왔고, 그 후 육칠 년 동안은 하루에 한 끼는 생식 가루, 한 끼는 거친 밥과 푸성귀를 먹으며 살았고, 가까운 이삼 년 동안은 보통 사람들이 맛있고 행복하게 먹을 수 있는 생태적인 밥상을 나누면서 살아왔어요. 삼십 년 동안 원하든 원치 않든 요리와 함께 살아오면서 다음과 같은 '밥상'의 원칙을 갖게 되었습니다.

첫째, 모든 생명체는 존중받아 마땅하며, 나는 생명의 조화를 어지럽히지 않도록 노력한다. 나는 생명이 인간에게 중요한 만큼 다른 생명체에게도 중요하다고 믿기에 채식주의자가 되었다. 나 자신이 살기 위해, 내가 강해지고 건강해지기 위해 죽은 동물의 고기를 필요로 하지 않는다. (스콧 니어링의 생각에 경의를 표하면서 인용하며 나 또한 같은 방식으로 살 것이다.)

둘째, 되도록 가공 식품이나 수입 식품을 먹지 않는다.

셋째, 먹을거리를 손수 재배할 수 있다면 좋겠지만 부득이할 때는 유기농 재배 농가나 협동조합, 유기농 매장에서 신선한 재료를 구매한다.

넷째, 껍질과 씨앗, 뿌리를 버리지 않고 먹어 먹을거리를 제공한 자연에 감사를 표하고 생명 에너지를 활성화한다. (껍질엔 섬유질뿐만 아니라 생명을 보호하는 힘이 있고, 씨앗은 그 자체가 생명력의 원천이며, 뿌리에는 생명을 성장하게 하는 힘이 있다.)

다섯째, 되도록 조리 가공을 적게 한다. 신선한 날것을 많이 먹고, 익힐 때는 가열을 최소화하며, 양념을 적게 하여 재료의 신선한 맛을 최대한 살리고 살짝 찌거나 굽거나 데쳐서 먹는다. (소스를 다양하게 만들어서 맛의 변화를 즐긴다.)

여섯째, 조리법을 간단하게 하는 대신 한 가지 요리에 다양한 채소를 골고루 사용하고 밥도 다섯 가지 이상의 알곡을 섞는다. 반찬 가짓수를 두세 개 이상 놓지 않으며, 조리된 음식은 서른여섯 시간 안에 먹고 음식물을 남기지 않으려고 노력한다.

일곱째, 음식을 만드는 동안 몸과 마음을 최상의 평화로운 상태로 만들어 음식에 좋은 파동이 담길 수 있도록 한다.

여덟째, 출처를 모르는 음식이나 밖에서 파는 음식을 먹지 않음으로써 내 생명 에너지의 흐름을 보호하고 존중한다.

아홉째, 위장이 가득 차도록 먹지 않는다. 몸 안의 장기가 혹사당하지 않고 휴식할 수 있도록 한다.

열째, 씨앗이 자라 꽃 피우고 열매 맺도록 한 흙, 공기, 물, 햇빛의 수고로움을 잊지 않는다. 그리고 다시 내게 들어와 내 몸으로 모양을 바꾼 그것들, 곧 내 몸에게 자주 사랑을 보낸다.

내 밥상과 먹성을 이렇게 바꾸면서 나는 더 건강해졌고 삶을 평화롭게 바라보면서 즐기게 되었습니다. 상황이나 조건, 사람들과의 관계에서도 가벼움과 자유로움을 더 잘 느낄 수 있게 되었어요. 그리고 진정으로 내가 지구에 유익한 존재가 되었음을 느낍니다. 내 생명의 가치가 존중됨에 따라 다른 생명의 가치를 존중할 수 있는 힘이 더욱 커졌음을 느낄 수 있어요. 또 밥상을 바꾸는 것만으로도 화석 연료는 물론, 물과 세제의 사용도 현저히 줄일 수 있었고, 쓸데없는 일손과 조리하는 시간도 줄여 부엌일을 즐기게 되었습니다. 그러면서 자연스럽게 불필요한 소유를 줄이게 되었지요.

내가 먹는 바로 그것이 나를 만듭니다. 그런 마음으로 만든 음식은 사랑과 행복의 에너지가 전달돼서, 먹는 사람도 충족함을 느낄 수 있어요. 그렇게 만들어진 음식을 먹으면서 행복해하는 이들의 반응은 내게도 행복함을 안겨줍니다. "나는 아무것도 한 게 없어요. 그저 이 재료들이 적절하게 섞이도록 가볍게 도운 것밖에는요." 언제부턴가 이런 말이 저절로 나와요.

아무것도 할 필요가 없다는 건 얼마나 큰 축복인가요? 햇살과 바람, 물과 흙, 어느 하나도 뭘 달라고 손 내밀지 않아요. 서로서로 어울려 서로의 어여쁨에 감탄할 뿐이에요. 이 책은 이것들이 빚어낸 재료들로 만든 음식 이야기입니다. 이 책에 소개한 밥상들은 모두 만들기 쉽고 차리기 쉬운 것들이에요. 소박하고 간결하지만 완전한 영양과 생명 기운을 담고 맛과 멋이 조화를 이루고, 그래서 어른 아이 모두 건강하게, 맛있게 먹을 수 있는 음식들로 꾸몄습니다. 그 내용으로는 열두 밥상과 일곱 죽상, 안심하고 먹을 수 있는 아이들 간식, 그리고 다섯 가지 김치, 채식 요리 소스, 약이 되는 효소(발효액) 등입니다. 이 음식들이 건강한 밥상의 좋은 모델이 될 수 있기를 바랍니다.

7년 전, 샨티의 두 대표를 만났을 때 책을 짓자고 한 약속이 이제야 결실을 맺습니다. 오랫동안 기다려주고 함께해준 두 분과 나뭇잎이 다 떨어진 추운 겨울부터 밥상의 느낌을 사진에 온전히 담아내느라 고심했던 김승범 작가님, 오랜 시간 원고를 다듬느라 애쓴 나무 님, 사진 촬영 작업 동안 궂은 뒷바라지도 마다 않고 해준 안과 솔의 사랑이 모여 이 책이 만들어졌습니다. 그리고 특별히 유기농 재료를 선뜻 지원해주신 아이쿱(iCOOP)생협에 깊은 감사를 드리고, 많은 도움을 주신 정발 마을의 유기농 매장 '자연과 사람들'에도 감사의 인사를 전합니다. 더불어 평화가 깃든 밥상 가족들, 대구 녹색소비자연대, 대구 환경운동연합, 여성환경연대, 생명을 살리는 먹을거리에 관심을 가지고 조합 활동으로 사회에 봉사하는 여러 단체 활동가들의 후원과 성원에 힘입어 이 책이 나오게 되었음을 고맙게 생각합니다. 강 살리는 일에 오늘도 여념이 없는 남편에게도 감사를 드립니다. 이 책의 잉태를 알고 기쁘게 기다려준 많은 분들에게 두 손 모아 이 밥상을 바칩니다.

십여 년 전, 라다크 가는 길에 잔스카라 산맥의 칼바위 산자락에 걸친 일곱 빛 무지개에 공명되어 무조건 "예스, 예스" 하고 바친 생명과 평화의 염원이 이 책에 고스란히 녹아 있도록 허락하신 신의 은총에 감사드리며……
옴 샨티!

2009년 7월
문성희

요리가 즐거운 주방 1
모든 밥상을 완성시키는 양념 재료들

재료의 맛을 그대로 살리려면 재료의 맛과 향, 성질을 바꾸거나 해치지 않는 범위에서 양념을 사용하는 것이 중요합니다. 자연 발효된 장과 초, 천연에 가까운 당, 신선한 기름, 순한 약초, 약초 효소, 그리고 유기농으로 키운 참깨와 들깨, 몇 종류의 곡식가루 정도만으로도 맛과 색을 충분히 살릴 수 있어요. 별로 한 게 없는데도 음식을 먹은 사람들이 "맛있다"고 하고 "행복하다"고 하는 건 특별한 비법 때문이 아니라 오직 순수함을 잃지 않은 이 재료들 덕분이에요. 이 책에서 쓰인 양념들을 소개하니 준비해보세요. 손수 담그거나 만들면 좋지만, 바쁘거나 여건이 안 되는 분들은 유기농 가게를 이용해보세요.

집간장 집간장은 메주를 쑤어서 발효시킨 재래식 조선간장을 말한다. 특별히 소금을 사용할 때 외에는 집간장으로 간을 맞추는데, 간장이 맛의 비결이니까 장을 잘 담가야 하고 장 담그기가 어렵다면 맛있는 장을 잘 골라야 한다. 햇볕에 잘 숙성된 장은 특유의 향과 달착지근한 맛이 감돈다. 공장에서 대량 생산된 간장들은 방부제나 색소 등 기타 첨가물이 함유된 게 많다. 집에서 담그거나 유기농 가게에서 구입하는 게 좋다.

된장 입안에 넣고 가만 음미할수록 구수하면서 깊은 맛이 나는 된장이 좋다. 맛있는 된장 하나만 있어도 다른 양념이 필요 없을 정도로 매우 중요한 양념이니 다양하게 나온 된장을 골고루 먹어보고 너무 짜지 않고, 씁쓸한 맛이 나지 않으며 달착하고 구수한 맛이 나는 노르스름한 빛깔의 된장을 고르는 것이 좋다.

식초 식초는 장보다 더 섬세한 발효 식품으로 예전에는 집에서 많이 담가 먹었다. 요즘은 좋은 식초를 생협이나 유기농 가게에서 구입할 수 있다. 현미식초, 포도식초, 사과식초 등이 있는데 입맛에 맞는 걸로 골라 쓰면 된다. 나는 비교적 값도 싸고 맛도 순한 현미식초를 즐겨 쓴다.

약초 효소(발효액) 산야초나 과일, 채소, 열매 등에 당을 넣어 발효시킨 것이다. 단맛 내는 양념으로 쓰면 음식의 약성을 상승시켜주고, 재료 고유의 향이 식감을 높여준다. 사 먹으려면 값이 만만찮으니 담가 먹는 게 좋다. (산야초 효소 담그는 법은 213쪽 참조)

소금 소금은 몸을 정화시키며 염증을 가라앉히는 중요한 역할을 하지만 잘못 쓰면 오히려 해롭다. 나는 생협이나 유기농 가게에서 구입한 태안염이나 구운 소금을 주로 쓴다.

유기농 원당이나 유기농 설탕 설탕도 소금처럼 정제된 것은 해롭다. 유기농 사탕수수에서 당을 뽑아낸 게 유기농 원당인데, 미네랄 함유량도 높고 단맛도 깊고 구수하다. 공정무역으로 수입된 것을 쓰며, 생협이나 유기농 가게에서 구입할 수 있다. '마스코바도'와 '파넬라'라는 이름으로 출시되어 있다. 좀더 맑은 맛을 내려면 유기농 설탕을 쓰기도 한다. 유기농 설탕은 유기농으로 키운 사탕수수에서 뽑아낸 당을 정제시킨 것을 말한다.

조청 옛날엔 집집마다 부엌 필수품 중 하나가 조청이었지만 지금은 만들기가 어려워 사서 쓰는 경우가 대부분이다. 나는 맛이 깊은 호박조청, 현미조청, 오곡조청, 수수조청을 즐겨 쓰는데 생협이나 유기농 가게에서 구입할 수 있다.

식용유 일반 식용유는 너무 정제되어 생명 에너지가 없기 때문에 주로 압착유를 쓴다. 해바라기유, 올리브유, 채종유, 포도씨유, 미강유, 카놀라유, 현미유 등이 있는데, 나는 값이 저렴하면서도 맛이 고소한 현미유를 주로 쓴다.

참기름, 들기름 우리 나라 사람 입맛에 가장 잘 길들여진 기름으로 꼭 필요한 양념이다. 되도록 볶지 않고 짠 기름이 산패가 덜하다. 제일 작은 병으로 구입해서 냉장 보관하면 산패를 줄일 수 있다.

참깨 볶아두면 산패가 되기 쉬운데 그렇다고 필요할 때마다 볶아 쓰는 건 쉽지 않으니 시간이 있을 때 여유있게 씻어 볶아놓고 냉동 보관해 필요할 때 꺼내 쓴다.

들깨 많이 쓰이는 양념인데 볶아두면 깨보다 산패 속도가 빠르다. 깨끗이 씻어 말려 냉동 보관했다가 필요할 때마다 꺼내서 분쇄기에 갈아 쓰는 게 좋다. 껍질째 먹는 게 몸에도 좋고 생으로 갈아도 먹을 수 있으니 잘 말려두기만 하면 된다.

오곡가루 이 책의 많은 요리에 쓰인다. 현미찹쌀, 차수수, 차조, 기장, 보리 등을 가루 낸 것으로 맛도 있고 영양과 에너지 모든 면에서 우수하며 다양하게 쓰이기 때문에 늘 준비해둔다. 파는 곳이 없으니 직접 만들어야 한다. (만드는 법은 48쪽 참조)

생강가루 잘 말려 곱게 빻은 생강가루는 생협이나 유기농 가게에서 구입할 수 있는데 양념으로 쓰일 때가 가끔 있다. 따뜻한 물에 꿀과 함께 넣어서 생강차로도 마신다.

여러 가지 가루 감자가루, 통밀가루, 현미가루, 메밀부침가루, 도토리부침가루는 백밀가루보다 영양 성분이 많아 아이들 간식에 부담이 없다. 생협이나 유기농 가게에서 구입하여 냉동 보관하면 오래 쓸 수 있다.

치자 열매 재래 시장 건어물 가게에서 구입할 수 있고 색과 맛 때문에 즐겨 쓴다. 건냉한 장소에 보관해두면 오래 쓸 수 있다.

양념으로 쓰이는 여러 가지 약초들 말린 표고버섯, 말린 다시마, 황기, 둥글레, 오가피, 구기자, 감초, 칡뿌리, 맥문동, 하수오, 헛개나무, 당귀, 치커리 뿌리, 대추, 은행, 잣, 호두 등을 늘 준비해두고 맛물을 내거나 양념 부재료로 사용한다.

오분도미 도정할 때 쌀겨 층을 완전히 벗겨낸 것을 십분도미, 70%만 벗겨낸 것을 칠분도미, 50%만 벗겨내어 쌀눈을 남겨둔 것을 오분도미라고 한다. 오분도미는 현미와 백미의 중간 정도에 해당하는데, 쌀겨 층을 덜 벗겨낸 만큼 비타민과 미네랄, 섬유질 등의 영양 성분이 많고, 백미에 비해 칼슘과 인은 2배, 비타민 B_1·B_2와 나이아신은 3~4배, 비타민 E는 약 10배나 더 함유하고 있다. 또 섬유질이 많아서 장의 운동을 활발하게 하므로 숙변을 막고 쾌변을 촉진하는 효과도 있다. 오분도미로 밥을 지을 때는 여름철에는 2시간, 겨울철에는 3~4시간 정도 물에 담가 불려 짓는다. 물의 양은 백미보다 5% 정도 더 넣는다.

요리가 즐거운 주방 2

자연을 담은 주방용품들

자연 요리와 채식 밥상을 차리면서 얻는 기쁨 중의 하나는 지구를 덜 더럽힌다는 거예요. 세제와 물, 연료 사용이 많이 줄어 드니 밥상을 차리면서 절로 환경 운동을 하는 셈이죠. 그러다 보니 친환경 부엌용품에 자연스럽게 관심이 가요. 유기농 가게 에서 만난 천연 수세미로 그릇을 닦으면 더 깨끗한 느낌이 들어 기분까지 좋아집니다. 재래 시장에 가서 면, 마, 광목 등 천연 소재 옷감을 사서 행주로 쓰면 삶아서 오래오래 쓸 수 있어요. 또 음식의 맛을 변화시키지 않는 나무 숟가락과 필요 이상의 첨가물이 들어 있지 않은 천연 세제도 써보세요. 나와 지구가 더불어 살아가는 걸 느끼며 삶이 한결 풍요로워질 거예요.

천연 수세미 어릴 적 집 창가에 매달린 수세미로 세안도 하고 그릇도 씻었던 추억 때문에라도 즐겨 쓰는 천연 수세미. 요즘은 생협이나 유기농 가게에서도 살 수 있 는데 씻는 감촉이 좋아 설거지를 하면서 기분이 좋아진다. 세제를 조금만 묻혀도 거품이 잘 나서 세제와 물을 절약할 수 있다.

나무 주걱, 나무 숟가락, 나무 그릇 그릇에 닿는 감촉이 부드러워서 좋고 요리 재료의 성질과 같은 자연물이기 때문에 음식의 성질을 고스란히 지켜 준다. 스테인리스 수저로 음식을 먹을 땐 쇠 냄새가 나서 음식의 향을 반감 시키기도 한다.

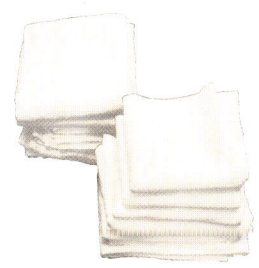

면, 무명 행주 행주 감으로는 거즈와 타올, 광목, 삼베, 무명, 기타 면 소재 헝겊이 있는데 타올은 섬유 사이에 음식 찌꺼기가 붙기 쉬워 비위생적이다. 거즈는 너무 부드럽고 광목이나 삼베, 무명은 좀 뻣뻣한데 여러 번 삶아 쓰다보면 부드러워진다. 음식의 물기를 짤 때는 삼베가 좋고, 마른 행주로는 무명이 좋다. 거즈와 광목은 여러 모로 쓰이는데 기름에 구운 재료를 담거나 프라이팬의 기름을 닦을 때도 키친 타올을 안 쓰고 무명 조각을 쓴다. 사용하기 편한 크기로 잘라 손바느질해두면 깨끗하고 위생적이며 정갈해서 음식 만들 때 좋은 기분을 느낄 수 있다.

절구 하나 정도 꼭 필요하다. 재료를 분쇄할 때 공기 유입이 많은 전동 분쇄기가 아닌 수동 절구가 필요할 때가 있다. 특히 죽을 쑬 때 불린 쌀을 절구에 찧어 만들면 씹히는 느낌이 매우 특별하다. 나무 절구 외에도 돌 절구, 자기 절구가 있으니 잘 선택해서 쓰면 된다.

세탁용 세제 행주를 빨 때 천연가루 비누와 소다 (또는 베이킹파우더)를 따뜻한 물에 풀어서 행주를 넣고 폭폭 삶은 다음 방망이로 두드려 빤다. 아파트 살림이라 두드리기가 곤란하면 다른 흰 빨래와 함께 삶아 세탁기에 돌리기도 한다.

설거지용 세제 녹색생협연대에서 만든 고현 주방 세제는 기름기도 잘 제거되고 해로운 찌꺼기도 남지 않으니 설거지하면서 기분이 상쾌해진다.

요리 솜씨 비법 1

신선한 재료로 요리하기

대부분의 엄마들이 음식을 만들면서 저절로 터득한 나름의 요리 비법을 가지고 있을 겁니다. 만져보고 만들어보고 먹어본 수많은 경험이 솜씨와 비법을 만들어내죠. 좋은 음식을 만들려면 첫 번째 중요한 것이 재료 선별이에요. 수십 년간 요리 수업을 해온 내가 꼭 지키는 게 있다면 시장 보는 일을 다른 이에게 맡기지 않는다는 겁니다. 오이 두 개하고 무 한 개, 배추 한 단 사오라고 할 때 다 똑같은 오이, 무, 배추를 사오는 게 아니란 말이죠. 같은 배추라도 쌈용, 국거리용, 겉절이용, 김치거리용이 다르고, 용도에 따라 필요한 모양과 크기도 다르며, 신선한지 아닌지 알아보는 안목도 다릅니다. 또 필요한 양이 어느 정도인지 체크도 해야 합니다. 그러니 먼저 무엇을 만들지 계획을 세우고 거기에 가장 적합한 재료를 선별하는 게 중요하지요.

살림 경험이 많다면 냉장고에 있는 재료만 가지고도 이렇게 저렇게 뚝딱뚝딱 한두 가지 음식을 만들어낼 수 있겠죠. 고기와 생선, 가공품을 잘 먹지 않는다면 냉동실이 꽉 차는 일은 없어요. 그것들을 먹는다고 해도 꼭 필요할 때 꼭 필요한 만큼만 사서 먹고 남기지 않는다면 냉장고가 헐렁해지면서 깨끗해져요. 적당히 빈 냉장고에 이삼 일을 넘기지 않을 만큼의 채소와 과일이 들어 있다면 재료 찾기도 쉽고 요리하는 것도 즐거울 거예요.

요즘처럼 먹는 재료가 생명을 해치는 농약, 화학 비료, 첨가물 등으로 범벅이 되어 있는 세상에선 장보기가 겁날 정도입니다. "우리

가족 먹을거리는 차라리 내가 키워야지" 해봐도 쉽지 않아요. 그래서 나는 생활협동조합이나 도농 네트워크 공동체 같은 공동체 문화 의식을 지닌 사람들과 교류하고 나누는 걸 중요하게 생각해요.

내가 먹는 식품도 주로 이런 네트워크를 통해서 구입합니다. 때로는 가까운 유기농 전문점에서 식재료를 구입하기도 해요. 좋은 재료라는 게 신선하다는 것과 같은 의미라면 수확해서 내 손에 들어오기까지의 유통 거리와 시간이 되도록 짧아야 한다는 걸 뜻하지요. 또 내가 먹을 재료를 가꾸는 농부의 얼굴을 알고 내가 먹을 식품을 만들고 파는 이의 사람됨을 안다는 게 아주 중요하게 여겨져요. 그래서 순수 담가 먹기 어려운 된장, 간장, 조청, 식초 같은 건 잘 아는 이가 만든 걸 직접 구매하는 방식으로 먹고 있어요.

옛날부터 생각해본 네트워크 방식이 농촌의 한 가구와 도시 다섯 가구 정도가 자매결연을 맺어 서로의 필요를 나누고 채워주는 거예요. 이를테면 도시에서는 열심히 일해서 번 돈과 문화를 농촌 가족에게 나누어주고, 농촌에서 뿌리내리고 사는 가족은 성의껏 농사지어 도시 가족에게 건강하고 생명력 있는 먹을거리를 나누어주며 형제애를 가꾸어나가는 겁니다.

아무튼 넘쳐서 탈인 요즘, 먹는 방식에 대한 생각을 조금 바꾸고 냉장고부터 다이어트시킨다면 신선하고 좋은 재료로 요리하기가 쉬워질 것 같아요. 재료가 신선하고 좋다면 요리할 필요가 없잖아요. 자연이 준 선물엔 되도록 손을 적게 대는 게 가장 좋으니까요. 자연 그대로가 바로 곧 생명이니 비법이 따로 있겠어요?

요리 솜씨 비법 2
쉽고 즐겁게 요리하기

음식 솜씨가 좋고 음식 만들기를 좋아하는 사람치고 퍼주고 먹이는 걸 좋아하지 않는 사람은 없는 것 같아요. 자신이 먹기 위해서만 음식을 만드는 사람은 거의 없죠. 사람 좋아하고, 받기보다는 주기를 즐기는 사람들이 대부분입니다. 나도 그런 마음으로 오십이 넘도록 음식을 만들어왔어요. 그러나 퍼주고 먹이기 좋아하는 그런 착한 마음 씀씀이가 가슴 깊은 곳에서 나온 의존성이라는 걸 깨달은 뒤부터는 되도록 나누고 퍼주는 걸 절제하기 위해 노력해야 했어요. 의존성에서 벗어날 때 비로소 진정한 나눔, 자유로운 만남이 자리한다는 걸 알게 되었거든요. 자유로운 마음 공간에서는 "즐겁지 않은 일은 결코 하지 마라"는 속삭임이 일어요. 아무리 칭찬을 많이 들어도 너무 복잡하고 힘든 요리는 다시 하고 싶지 않습니다. "부엌에 오래 있는 아낙치고 음식 솜씨 있는 이 없다"는 옛말이 정말 일리 있는 말이에요.

모든 엄마들이 하루도 쉼 없이 하는 일이 부엌일이니 요리는 무엇보다 쉽고 간결해서 즐겁게 할 수 있어야 해요. 밥상 위의 가짓수를 줄이는 것과 설거짓거리를 줄이는 것도 요리를 즐겁게 만드는 비결 중의 하나예요. 그날 만들 음식을 정하고 재료를 준비했으면 요리하기 전에 먼저 부엌을 정돈하세요. 주변이 너저분하면 일하고 싶은 마음이 사라져요. 부엌을 항상 깨끗하게 정리하는 게 우선인데 가진 게 많으면 정리가 잘 안 돼요. 그러니 꼭 필요한 게 아니라면 치우고 냄비 두어 개, 그릇 몇 개, 숟가락과 젓가락 몇 개만

내어놓는 것이 좋습니다.

주변을 깨끗이 정돈했으면 그날 요리에 쓰일 재료를 손질해요. 그런데 생기 가득한 재료는 뿌리부터 껍질까지 통째로 먹는 것이 몸에 더 좋다는 걸 안 뒤부터는 재료 손질이 한결 수월해졌습니다. 깨끗이 씻는 것이 전부인 재료 손질법을 터득한 거죠. 예를 들어 감자나 고구마, 무 같은 것들도 깨끗이 씻어 껍질째 씁니다. 밤이나 은행 같은 것도 겉껍질만 벗기고 속껍질은 그대로 씁니다. 생소할 수 있지만 한두 번 요리해서 먹어보면 금세 익숙해지며, 오히려 간편하고 영양도 좋아 곧 선호하게 될 거예요.

씻다가, 썰다가, 익히다가 하는 식으로 두서없이 이 일 저 일을 섞지 말고, 손질할 땐 모든 재료를 손질해놓고, 씻을 땐 모든 재료를 함께 씻어놓고, 썰 땐 모든 재료를 다 썰어 요리할 순서대로 각각 큰 접시에 담습니다.

이렇게 준비가 끝나면 익히는 시간이 오래 걸리거나 식혀서 상에 내어도 좋은 음식부터 요리하기 시작해요. 볶거나 뜨겁게 상에 내야 하는 음식은 상을 차리기 직전에 하는 게 좋죠. 그리고 요리를 만들 땐 그릇을 씻어가며 하는 게 좋아요. 이 그릇 저 그릇 다 내어 사용하다보면 한 것도 별로 없는데 설거짓거리만 산더미입니다. 그러다 보면 두 번 다시 요리하기 싫어지니 설거짓거리를 미리미리 줄이는 게 좋아요. 처음엔 치워가며 일하는 게 익숙지 않더라도 한두 번 하다보면 습관이 되어 웬만큼 큰 일을 치르도 어렵지 않게 해내게 됩니다.

요리 솜씨 비법 3
마음을 편안히 한 뒤에 요리하기

오래전에 "사람 몸에서 나오는 음이온이 음식 맛을 좋게 한다"는 기사와 "엔돌핀이 많으면 음이온이 증가한다"는 기사를 읽은 적이 있습니다. 그땐 그저 기분이 좋으면 음이온이 많이 생기는 거라 생각했는데 지금은 안정된 마음의 파동이 음이온을 많이 방사한다고 믿고 있어요. 명상 센터에서 먹는 음식의 순수한 맛이 마음을 평화롭게 가라앉혀주는 걸 보면 더 잘 알 수 있습니다.

그래서 나는 결 고운 나무에 슈리마트('신의 가르침'이라는 뜻)의 이야기를 적어두고 요리를 할 때 종종 바라보며 내 마음 상태를 돌아보곤 합니다. "너희들이 요가 상태에 머무르면서 부엌에서 음식을 준비하면 많은 사람들이 유익을 얻을 것이다. 너희들의 음식과 음료는 순수하고 소박하며 기품이 있어야 한다. 침묵 속에서 신의 사랑으로 만든 음식이 곧 마음을 만든다."

부엌일은 더 이상 하찮고 귀찮은 일이 아닌, 우리의 생명을 다루는 중요하고 고귀한 일이에요. 의사의 도움을 받기 전에 나 스스로가 내 몸을 잘 보살필 수 있습니다. 약이 되고 생명이 되는 음식을 만들고 먹는 과정을 통해서죠. 그러한 고귀한 음식을 만드는 역할이야말로 사명감이 필요한 일입니다.

가짓수가 얼마이든 관계없이 그게 생명력을 더해주는 밥상이라는 데 마음을 모은다면 음식 만드는 일이 즐겁고 감사한 일이 될 것이고, 그렇게 만든 음식의 순수성이 가진 깊은 맛은 돈 주고도 살 수 없다는 걸 알게 될 것입니다.

일러두기

- 이 책에서 소개하는 밥상과 죽상은 반찬 2~3가지를 포함한 한 상 차림 메뉴입니다.
- 밥상과 죽상은 4인분 기준으로 레시피가 구성되어 있습니다.
- 간식은 2인분 기준이며, 소스는 4인분 기준입니다.
- 레시피에 표기된 ▪는 팁 설명을 위한 표시입니다.

이 책에서는 다음과 같은 계량 단위를 사용합니다.

숟가락으로 재기

1작은술
찻숟가락에 평평하게 담은 모양

1큰술
밥숟가락에 평평하게 담은 모양

수북이 1큰술
밥숟가락에 수북이 떠서 담은 모양

1줌
손으로 재료를 가볍게 움켜쥔 모양

손으로 재기

눈으로 보는 각 재료의 100g

종이컵으로 재기

내 가족의 건강을 살리는
열두 밥상

가장 맛있는 요리는 본래의 생명력과 색깔과 모양을 망가뜨리지 않고 먹는 것이고, 그런 음식을 찾기 위해서는 시장이 아니라 밭으로 가면 된다는 사실을 압니다. 이십 년 요리사라는 긴 터널을 지나 내가 찾은 '참맛'의 저장고는 하늘이 차려주신 '밭'이라는 밥상입니다. 이미 차려진 밥상이 있으니 손님이 많아도 내 할 일은 그다지 많지 않습니다.

평화가 깃든 밥상

생태 운동의 영성적 지도자 사티쉬 쿠마르는 생태적 삶을 살기 위해 일상에서 할 수 있는 일로 '걷기'와 '요리' 두 가지를 제안했습니다. 걷기야말로 바쁜 이 시대를 사는 우리로 하여금 속도를 줄여 살게 하는 가장 좋은 방법이며, 우리의 마음을 자연과 연결시키는 방법이고, 또 걷는 것이야말로 우리의 몸과 마음과 영혼을 행복하게 하는 길이라고 설명했어요.

두 번째 제안한 요리 역시 자연과 연결시켜주는 좋은 매개가 된다고 말합니다. 이 음식은 어디서 왔을까, 어떻게 길러졌을까 등을 생각하고 느끼면서 만드는 요리는 지구와 깊이 접촉하게 만든다는 것이지요. 전적으로 동감입니다.

한때 유행처럼 번졌던 '웰빙'이나 '슬로라이프' 같은 말도 '걷기'와 '요리', 이 두 가지에서 시작하면 되지 않을까 싶어요.

나는 이십여 년 넘도록 맛있고 화려한 요리를 만들고 멋진 요리상을 차리는 일에 몰두해 살아왔지만 이제는 다듬고 난도질하고 볶고 지지고 삶는 일을 최소화하려고 해요. 가장 맛있는 요리는 본래의 생명력과 색깔과 모양을 망가뜨리지 않고 먹는 것이고, 그런 음식을 찾기 위해서는 시장이 아니라 밭으로 가면 된다는 사실을 알게 되었거든요. 이십 년 요리사라는 긴 터널을 지나 내가 찾은 '참맛'의 저장고는 하늘이 차려주신 '밭'이라는 밥상입니다. 이미 차려진 밥상이 있으니 손님이 많아도 내 할 일은 그다지 많지 않아요.

부산 철마산에 살던 시절, 일 년에 한 번씩 음악회를 열 때도 백 명이 넘는 손님들이 찾아오곤 했는데, 거친 주먹밥과 통팥시루떡, 찐 감자와 옥수수, 생두부와 생채소 그리고 된장과 토마토만으로도 풍성한 식탁이 되곤 했어요. 대단한 요리도 없는데 다들 맛있다고 하면 내가 물어보지요. "뭐가 제일 맛있었어요?" 그러면 하나같이 "밥이요!" 하고 대답합니다. "왜 밥이 맛있었을까요?" 다시 묻습니다. 이러저러 답이 나오지만 내 대답은 간단해요. "반찬이 적어서 그래요!"

사실 반찬이랄 것도 없지요. 반찬이 따로 없다보니 밥을 먹을 때는 밥만 먹게 되고, 두부를 먹을 때는 두부만, 감자를 먹을 때는 감자만 먹게 되기 때문에, 그 하나하나의 고유한 맛과 만나게 됩니다. 순수한 그 맛을 알게 되는 거지요.

이런 맛있는 음식을 식탁에 올리기 위해 평소에도 따로 요리할 게 없으니 시간은 무척 여유로워집니다. 이 여유로운 시간에 뜨겁게 달군 돌멩이를 끼고 앉아 한 땀 한 땀 바느질로 옷을 짓습니다. 그렇게 만든 옷의 가벼움과 편안함은 한번 누려보면 결코 다른 식의 삶과 바꾸고 싶지 않을 정도죠. 생활 속의 모든 것이 정리되고 단순해집니다.

여기에 소개하는 열두 밥상은 요리와 함께 살아온 지난 삼십 년의 삶 속에서 추리고 추린, 일종의 커리큘럼 같은 것입니다. 서로 잘 어우러지는 맛과 색, 재료와 영양, 요리하는 시간 등을 고루 안배하여 만들어놓은 세트 상차림이지요. 요리법을 소개하기 전에 상차림 하나하나마다 왜 그렇게 세트를 이루게 되었는지, 어떤 것에 초점을 맞추어 꾸민 상차림인지 설명을 곁들였습니다. 읽고 요리에 들어가면 조금은 더 도움이 되지 않을까 싶어요.

물론 내가 만든 대로 짝을 이루어 한 상을 차려야 하는 것은 아닙니다. 한두 가지 반찬이 빠질 수도, 더 들어갈 수도, 또 다른 재료를 사용해서 창조적으로 변화시킬 수도 있어요. 무엇보다 중요한 것은 혀가 아니라 지금 내 몸이 원하는 음식이 무엇인지 잘 살펴서 즐겁게 그리고 정성 들여 준비한 뒤 감사하는 마음으로 먹는 것이니까요.

영양 많은 음식으로 나를 대접하고 싶은 날

무호두탕국/ 두부표고호박구이/ 시금치된장나물/ 무청영양밥

시어머니의 음식 솜씨는 투박하지만 감칠맛이 있었어요. 아무렇게나 나물을 무쳐도, 간단하게 산적을 졸여도, 무하고 쇠고기, 그리고 버섯만 넣고 탕국을 끓여도 정말 맛이 있었는데, 그 비결이 간장과 된장 맛에 달려 있다는 걸 나중에야 알았어요.

무와 버섯에 간장과 참기름만 넣어 맛이 배도록 다글다글 볶다가 물을 붓고 호두와 밤을 넣어 푹 끓인 시원한 무호두탕국도 시어머니께 전수받은 거예요.

같이 곁들인 시금치나물은, 철마 산에서 살던 어느 추운 겨울날 손님 밥상에 올릴 게 없어서 혹시나 하고 밭에 나갔다가 빨갛게 언 작달막한 시금치 몇 포기를 발견하고, 살짝 데쳐서 된장과 산야초 효소를 넣고 조물조물 무쳐낸 적이 있는데, 착 감기는 달착지근한 맛이 입맛을 당겨준다고 인기가 많았습니다.

쉽고 간단하면서 맛있게 만들기, 그래서 그냥 살짝 익혀 햇살에 잘 익은 간장을 곁들이는 것으로 끝낸 요리, 그것이 바로 두부표고호박구이고요. 새송이를 보탠 건 새송이로도 이렇게 할 수 있다고 보여주기 위한 것이니 굳이 상에 다 올릴 필요는 없습니다.

이 밥상에서의 핵심은 밥이에요. 햇살과 바람에 잘 말린 무청 시래기를 삶아 된장을 넣고 무칩니다. 이것을 불려놓은 잡곡과 함께 밥솥에 안쳐요. 맛과 영양과 생기를 보태줄 대추, 밤, 잣, 버섯, 은행이 있으면 더 좋고요. 내가 이 밥을 할 때 곁에서 지켜보는 이들

은 밤이나 은행의 속껍질을 벗기지 않는 것을 보고는 한마디씩 합니다. "이대로 먹는 거예요?" "그걸 깎아내지 않고 그냥 넣으면 먹을 때 껄그럽지 않나요?" 그러면 나는 일단 해서 먹어보자고 이야기하곤 해요.

사실 약재 파는 곳에 가면 밤의 속껍질을 약으로 팝니다. 위를 보호하고 해독 효능이 있거든요. 우리가 일상에서 먹을 수 있는 약인데 이것을 깎아내느라 힘들고, 나중에 병나면 돈 주고 다시 그것을 사 먹는 것은 좀 어리석은 일 아닌가 싶더군요. 무엇보다 요리할 때 힘든 기억들이 생기면 부엌에 들어가는 일이 덜 즐거워져요. 실제로 이렇게 한 밥을 먹으면서 밤 껍질을 뱉어내는 경우는 거의 보지 못했습니다. 살짝 거칠긴 하지만 충분히 먹을 만하고, 또 너무 큰 껍질이 보이면 그때 골라내도 되거든요.

이 밥을 할 때의 포인트는 된장인데, 먹으면서 '된장이 들어갔나?' 싶은 느낌이 들 만큼 표가 나지 않게 적은 양을 숨겨 넣어야 합니다. 이때 쓰이는 된장은 조미료 역할임을 잊지 마세요. 곱게 빻은 깨에 간장, 참기름, 다진 청양고추를 넣은 매콤한 양념장을 곁들여 비벼 먹어도 좋아요. 입맛을 상큼하게 하려면 식초를 약간 넣어도 좋습니다. 이렇게 차린 이 밥상은 비타민과 칼슘이 가득합니다.

아, 이 밥은 전기밥솥 말고 압력솥이나 냄비에 지어보세요. 포만감과 행복감을 선사할 숭늉을 덤으로 얻을 수 있을 테니까요.

무호두탕국

재료
무 1/3개, 연근 1/3개,
말린 표고버섯 4개,* 느타리버섯 2줌,
밤 4개, 호두 4개, 다시마 1조각,

양념
집간장 3~4큰술, 참기름 1큰술

1. 먼저 말린 표고버섯과 다시마를 찬물에 불렸다가 건져서 1cm 크기로 썰고, 우린 물은 버리지 않고 국의 맛물로 사용한다.
2. 무, 연근, 밤, 느타리버섯도 같은 크기로 썬다.
3. 썰어놓은 무, 연근, 밤, 느타리버섯, 표고버섯을 냄비에 넣고 센불에서 참기름과 간장으로 볶는다. 간장이 스미면서 재료에서 물이 나오기 시작하면 중불로 낮춰 국물이 자작자작해질 때까지 충분히 볶아준다.**
4. 1의 맛물을 붓고 푹 끓인다. 재료에서 나온 국물이 연한 갈색이 나기 시작하면 호두와 다시마를 넣고 떠오르는 거품을 잘 걷어내줘야 맑은 국이 된다.***

> **TIP*** 국, 찌개에는 생표고버섯보다 말린 표고버섯을 넣어야 국물 맛이 깊어진다. 양송이버섯도 다른 종류의 버섯보다 국물 맛을 깊게 하니 양송이버섯이 있다면 써도 좋다.

> **TIP**** 볶을 때 음식 맛이 결정되는데 간장과 참기름 향이 재료에 스며들 때까지 기다려야 한다.

> **TIP***** 우리나라의 대표 국물 요리인 국의 맛을 잘 내는 비결은 재료와 장맛의 어울림이므로, 국물 안에서 서로 어우러질 수 있게 충분히 시간을 들여 끓이는 게 중요하다.

두부표고호박구이

재료
두부 1모, 애호박 1/2개, 표고버섯 5개, 새송이버섯 1~2개, 솔잎 조금

양념
구운 소금 1큰술, 현미유 2큰술, 집간장 1큰술, 식초 1/2큰술, 참기름 1/2큰술, 통깨 조금

1 두부는 도톰하게 10조각으로 썰고 애호박은 2~3mm 두께로 썬다. 표고버섯은 물기를 스펀지처럼 빨아들여 미끌거리므로 물에 씻지 않고 어슷하게 저며 썰고, 새송이버섯은 모양대로 얇게 썬다.
2 버섯은 기름을 두르지 않고, 수분을 없애주는 정도로 노릇하게 구워 소금과 참기름으로 살짝 버무려준다.■
3 애호박도 같은 방법으로 굽고, 두부는 물기가 많아 잘 구워지지 않으므로 현미유를 약간 두르고 소금을 뿌려 노릇하게 구워준다.
4 준비한 두부와 애호박, 표고버섯을 보기 좋게 담아 간장, 식초, 통깨를 넣은 소스를 뿌려주고(이때 다진 청양고추를 조금 넣어줘도 좋다) 솔잎을 깔고 새송이버섯을 곁들인다. 새송이버섯은 곁들이라 없어도 상관없다.■■

TIP ■ 유기 농가에서 재배한 버섯은 깨끗해서 물에 씻지 않아도 되니 바로 굽는다. 쫄깃한 버섯의 향과 맛을 살리려면 기름을 두르지 않고 구워야 한다.

TIP ■■ 음식은 맛도 맛이지만, 보기도 좋아야 식욕을 더 돋운다. 대나무 잎이나 솔잎 등 주변에서 흔히 구할 수 있는 나뭇잎을 이용해 좀더 입맛 당기는 음식을 만들어보자.

시금치된장나물

재료
시금치 2줌

양념
산야초 효소나 매실 효소 1~2큰술
(산야초 효소 만드는 법은 213쪽 참조),
된장 1큰술, 들기름 1큰술

1 시금치를 끓는 물에 데쳐서 차가운 물에 재빨리 씻어 건져 물기를 짠다.*
2 된장, 효소, 들기름을 넣고 무친다. 통깨를 조금 뿌려주면 더 맛깔스럽다.**

> **TIP*** 데친 나물은 물기를 짤 때 너무 꼭 짜면 뻣뻣해지니 주의한다. 나물이 제 몸의 촉촉함을 잃으면 맛이 없어진다. 무칠 때도 살살 곱게 무쳐야지 거칠게 주무르면 물러지거나 풋내가 난다. 시금치 대신 봄에 나는 자운영, 머위 싹, 두릅, 냉이, 민들레, 취 등 산나물을 써도 좋다. 무치는 방법은 시금치와 같다.

> **TIP*** 데친 시금치에 물기를 짠 두부와 소금, 들기름을 넣고 조물조물 무쳐도 맛있는 시금치나물이 된다.

무청영양밥

재료
말린 무청 2줄기, 밤 4개,■ 대추 5개, 표고버섯 2~3개, 잣 1큰술, 오분도미 1.5컵, 보리쌀 2큰술, 차조 2큰술, 기장 2큰술

양념
된장 1큰술, 참깨양념장(참깨 조금, 집간장 2~3큰술, 식초 1/2~1큰술, 다진 청양고추 조금)

1. 밥 지을 쌀은 씻어 불려둔다. 하루 전날부터 미리 불려둔 무청을 삶아 깨끗이 씻은 다음 잘게 썰어서 밤, 잣, 대추, 표고버섯 썬 것과 된장을 함께 넣고 밥을 짓는다.■■
2. 깨 양념장을 되직하게 준비해서 곁들인다. 깨 양념장 만들 때는 볶은 깨를 아주 곱게 갈아서 쓰고, 향이 너무 강한 식초는 쓰지 않는다.

> **TIP ■** 밤은 겉껍질만 벗겨내고 속껍질째 준비한다. 속껍질은 위를 보호하며 해독 작용을 해 숙취에도 좋다.

> **TIP ■■** 쌀을 안칠 때 물의 양을 미리 가늠해서(잡곡일 경우 백미보다 5~10% 정도 더 넣는다) 안치고, 위에 무청과 다른 재료를 넣은 만큼 3~4 큰술 정도의 물을 더 보태주면 알맞게 밥이 지어진다. 무청 대신 봄나물이나 가지, 호박, 호박잎, 아욱 등을 넣고 밥을 지어도 별미인데, 말린 재료가 아니고 생 것일 땐 밥이 지어지면서 밥물이 늘어나므로 처음에 물의 양을 약간 줄여서 넣는다.

채식의 영양 밸런스

먹고 사는 이야기 1

채식을 하면 먹을 게 없지 않을까? 아무래도 영양이 부실하지 않을까? 많은 사람들에게 받는 질문입니다. 정말 중요한 문제죠.

채식을 할 건지 말 건지는 각자의 선택이며 각자의 삶의 방식이에요. 채식이 더 우월한 삶의 방식이라거나 채식만이 건강한 식사법이라고 말하고 싶지 않거니와 또 그렇게 말하는 건 옳은 태도가 아니죠. 이 세상엔 그 어떠한 것도 절대적으로 옳거나 그른 것은 없다고 생각해요.

내가 채식을 하는 이유 중의 하나는 다른 생명체를 존중하며 살고 싶다는 것이고, 하나 더 든다면 자연에서 빌려온 이 몸을 자연에 깨끗이 되돌려주고 싶어서예요. 그리고 채식의 삶이 주는 기쁨이 크기 때문에 나누고 싶은 소망을 갖게 된 것이에요.

채식을 하면 영양이 부실해지지 않을까 걱정하는 분들께는 수많은 종류의 곡물과 헤아릴 수 없이 많은 종류의 채소와 열매, 씨앗, 뿌리가 충분하고도 남을 만큼의 영양 성분을 가지고 있다는 점을 말하고 싶어요. 실제로 많은 채식주의자가 그렇지 않은 사람들보다 질병 발병률이 낮고 면역 능력이 크다고 보고되고 있습니다.

채식을 하면서 주의를 기울일 부분은 골고루 먹는 것인데, 나는 우주의 빛인 오방색, 즉 흑색, 백색, 청색(혹은 녹색), 황색, 적색이 한 그릇에 고루 담기도록 신경을 씁니다. 기름은 익혀 먹는 대신 드레싱이나 소스를 만들 때 듬뿍 넣어서 지방 성분이 부족하지 않도록 주의하죠. 산패가 잘 되는 튀김 요리는 하지 않아요. 호두, 밤, 대추, 은행, 잣, 버섯을 거의 모든 음식에 사용하고, 철분과 칼슘이 많은 양배추, 시금치, 근대, 아욱, 산나물, 브로콜리도 자주 먹는 채소예요. 혹 과할 수도 있는 탄수화물 섭취량을 체크하고 신선한 과일을 먹는 것도 잊지 않아요.

채소로 만들 수 있는 요리가 무궁무진하고 그 맛도 매우 뛰어나서 먹는 즐거움이 반감되는 일은 없어요. "채식을 하니 어지러워"라는 친구에게 "어지러운 게 아니라 몸이 가벼워진 걸 거야. 잘 살펴봐. 가볍고 사뿐한 몸으로 변하는 과정의 느낌일 수도 있으니까. 무거운 몸이 진짜 몸인 줄 알고 살아와서 지금 그 기분이 좀 낯설게 느껴질 거야"라고 말하곤 합니다.

잃어버린 입맛을 되찾고 싶은 날

생된장비빔밥/ 청국장찌개/ 산나물잡채/ 깻잎고수장떡

　몇 년 전까지 나는 부산 인근의 철마산 자락, 서너 가구 옹기종기 모여 사는 손바닥만한 마을에서 신문이나 텔레비전 없이 살면서 햇볕에 말린 생식과 손수 가꾼 채소를 먹고 살았어요. 그리 살다보니 "겨울엔 일찍 자고 늦게 일어나고, 여름엔 늦게 자고 일찍 일어나는 게 건강에 좋다"고 하신 허준 선생의 말씀이 아니더라도 해시계 따라 살게끔 되더군요. 여름엔 해가 일찍 솟아올라 잠을 깨우기도 하지만, 한낮 뙤약볕에서 일하지 않으려면 새벽부터 서둘러야 합니다.

　새벽녘에 스무 평 정도 되는 텃밭의 잡초를 손보고 나면 건조장에서 잘 말라가고 있는 생식 재료들을 이리저리 쓸어주고, 새로 말릴 곡식과 채소 등의 생식 재료들을 준비하는 일로 넘어갑니다. 그 사이 아이 도시락을 싸고 잠에서 깬 아이에게 산야초 효소(발효액)를 넣은 생식을 먹입니다. 그러곤 학교까지 차로 태워다주고 돌아와서 생식 한 줌 먹고 아까 하던 일을 계속하지요. 슬며시 시장기가 돌면 잠시 일손을 멈추고 현미 찹쌀, 차수수, 차조, 기장, 보리, 서리태를 씻어 압력솥에 안칩니다. 잠시 후면 칙칙푹푹 압력솥의 추 돌아가는 소리가 요란스러워지죠. 구수한 밥 냄새가 규칙을 돌게 합니다. 그래도 한참을 그대로 두면 누룽지가 알맞게 생겨 나중에 숭늉 맛이 아주 좋습니다.

　밥이 거의 다 될 즈음 바가지를 들고 마당으로 내려가면 푸성귀가 여기저기서 손짓을 합니다. 민들레 잎 몇 개 따고 참나물 잎 몇 개 따고 돌나물, 상추도 뜯어 넣으면 장보기가 끝난 거죠. 이른 봄엔 머위 순과 연한 쑥 잎, 미나리 순 같은 게 맛난 먹을거리가 되어줍니다. 밥에 이것들을 올려놓고 된장으로 스윽 비벼 먹으면 "맛있다, 행복하다" 감탄사가 절로 나옵니다.

갓 푼 된장에 산야초 효소와 들기름, 고추를 넣고 되직하게 개면 쌈장이 되고, 묽게 개면 비빔장, 더 달착하게 개면 샐러드 드레싱이 됩니다. 청국장찌개는 찬바람이 돌기 시작하면 입맛을 보태주죠. 생채소를 듬뿍 얹어 청국장찌개로 비벼주는 그 맛 또한 무시할 수 없습니다. 이 정도로도 아쉬움 없는 밥상이지만 조금 더 수고를 보태 잡채와 장떡으로 호사를 부릴 때도 있어요. 그렇지만 난 이렇게 상에 많이 올리는 것보다 이 가운데 딱 한 가지씩만 상에 올리는 걸 더 좋아합니다.

예전에 요리 학원을 할 때도 많은 음식을 차리는 걸 좋아하진 않았어요. 그래도 직업인지라 만날 똑같은 걸 가르칠 수는 없으니 이것저것 다양한 요리상을 강의하긴 했지만, 정작 우리 집 밥상이나 손님상을 차릴 때는 복잡한 요리는 되도록 만들지 않았습니다. 요리 학원을 과감히 그만두지 않았더라면 아직도 그 틀을 벗지 못했을 테지요.

지금은 경기도 일산 양지 마을에 작은 가게를 얻어 자연 요리 교실을 꾸며놓고 있습니다. 이 작은 가게의 네모진 창을 통해 손바닥만한 하늘과 무성한 플라타너스 잎들이 흔들거리는 모습을 보고 있노라면 나도 모르게 행복한 미소가 얼굴에 번지곤 합니다. 아무것도 아니라고 여겨도 좋을 만큼 작은 것에서도 깊은 충족감을 느끼고 있는 내 자신을 발견하는 것 또한 즐겁습니다. 나이를 먹으면서 두려움도 그만큼 줄고, 두려움이 걷히는 만큼 그동안은 보지 못하던 것들을 보게 되는 걸까요? 그렇다면, 그건 분명 나이가 주는 선물이겠지요?

생된장비빔밥

재료
밥 4공기, 상추 3줌, 치커리 2줌,
쑥갓 1줌, 무 1/3개,
식성에 따라 다진 청양고추 조금

양념
된장 4큰술, 들기름 2큰술,
산야초 효소나 매실 효소 6~7큰술
(산야초 효소 만드는 법은 213쪽 참조)

1. 상추, 쑥갓, 치커리는 잘게 썰거나 손으로 잘게 뜯어놓고, 무는 곱게 채 썬다.
2. 된장에 산야초 효소와 들기름을 넣어 잘 섞어서 된장산야초효소 비빔장을 만든다. 식성에 따라 청양고추를 다져 넣을 수 있다.
3. 밥에 1의 채소들을 넣고, 비빔장을 끼얹는다.

> **TIP** 들기름은 불포화 지방산과 오메가 3가 많아서 먹기 좋은 지방 중 하나이다. 산패 속도가 빠르기 때문에 조금씩 짜서 저온 저장 상태로 먹는 게 좋고 되도록 익히지 않고 먹는 게 좋다. 고소한 맛은 덜 하지만 볶지 않고 생으로 짠 기름이 볶아서 짠 기름보다 더 좋다. 된장과 들기름은 맛과 향이 잘 어울려 소스에 많이 활용된다.

> **TIP** 된장산야초효소 비빔장에 효소를 좀더 넣어 묽고 달착하게 개면 샐러드 드레싱으로도 활용할 수 있다. 구수한 콩맛과 달콤함이 어우러져 독특한 샐러드를 맛볼 수 있다.

청국장찌개

재료

청국장 수북이 2~3큰술, 느타리버섯 3개, 감자 1/2개, 단호박 1/3개, 두부 1/2모, 풋고추 2개, 쌀뜨물 3컵

양념

없음

1. 느타리버섯은 잘게 찢어놓고, 감자와 단호박은 잘게 썰고, 두부는 깍둑썰고, 풋고추는 송송 썬다.
2. 뚝배기에 청국장을 담고 쌀뜨물을 부어 잘 푼 다음 버섯, 감자, 단호박을 넣고 센불에서 끓이다가 재료가 익을 즈음 불을 낮추고 조금 더 끓인다.
3. 재료에서 나온 맛과 청국장의 맛이 잘 어우러지면 두부와 풋고추를 넣고 한소끔 끓여낸다.

> **TIP 청국장 만드는 법**
>
> 청국장을 직접 만든다고 하면 겁부터 내는데, 냄새가 조금 나는 것 외에는 어려울 게 없다. 좋은 콩을 사다가 직접 한번 만들어보자. 영양 많고 맛있는 청국장을 더욱 안심하고 먹을 수 있다. 만드는 법은 콩을 물에 담가 하룻밤 동안 불린 다음 콩이 잠길 정도로 물을 부어 푹 삶는다. 다 삶아지면 뜨거운 솥을 그대로 신문지와 헌 담요로 싸서 방의 따뜻한 곳이나 햇볕드는 창가에 3~4일 두면 발효된다. 발효된 콩을 꺼내 찧고, 소금과 고춧가루로 양념하면 청국장이 완성된다. 냉장고나 냉동실에 보관해두고 필요할 때마다 꺼내 쓴다.

산나물잡채

재료
말린 산나물(취, 뽕잎, 아주까리 잎, 엉개 잎, 곤드레나물 등)이나 봄에 나는 참죽나물, 방풍나물, 민들레, 참나물, 아무거나 다 좋다. 말린 나물은 불려서 삶은 것 1주먹, 생나물은 데친 것 1주먹 정도, 우엉 1/2개, 새송이버섯 1개, 풋고추 3개, 미나리 1줌, 당면 2줌

양념
집간장 2~3큰술, 원당 2~3큰술,■ 현미유 2큰술

1. 말린 산나물은 삶아서 먹기 좋은 크기로 썰고, 우엉은 손가락 2마디 길이로 채 썰고, 새송이버섯, 풋고추, 미나리도 우엉과 같은 크기로 썰어둔다.
2. 당면을 미지근한 물에 10분 정도 불렸다가 끓는 물에 데쳐서 찬물에 헹군다.
3. 프라이팬을 뜨겁게 달궈 현미유를 두르고 우엉, 새송이버섯, 나물 순으로 볶는다. 현미유 대신 고추기름에 볶으면 더 맛있다.■■
4. 우엉이 익을 무렵 고추와 당면, 미나리를 넣고 볶으면서 간장과 원당으로 양념한다.

> **TIP ■** 유기농 사탕수수에서 당을 뽑아낸 게 유기농 원당인데 미네랄 함양도 높고 단맛도 깊고 구수하다. 공정무역으로 수입된 원당을 쓰며, 생협이나 유기농 가게에서 구입할 수 있다. '마스코바도'와 '파넬라'라는 이름으로 출시되어 있다.

> **TIP ■■ 고추기름 만드는 법**
> 현미유나 카놀라유 1컵을 뜨겁게 달구어서(120도가 좋은데, 기름의 기포가 생길 즈음으로 보면 된다. 또는 고춧가루를 조금 넣어보아 천천히 떠오르면 알맞은 온도다) 고춧가루 2큰술을 넣고 재빨리 불을 끄고 걸러주면 된다.

깻잎고수장떡

재료
깻잎 10장, 고수 1줌, ■ 청양고추 1~2개, 현미가루 1컵

양념
된장 1큰술, 현미유 1/2컵

1. 잘게 썬 깻잎과 고수, 다진 고추에 현미가루를 붓고 가볍게 버무린다. ■■■
2. 가루가 재료에 골고루 묻으면 물 2/3컵에 된장 1큰술을 풀어 넣어 반죽한다. 숟가락으로 떴을 때 덩어리질 수 있는 정도로 반죽하면 알맞다. ■■■
3. 뜨겁게 달군 팬에 현미유를 두르고 반죽을 한 숟가락씩 떠서 동글납작하게 지져낸다.

> **TIP ■** 고수 향이 너무 강해서 싫다면 머위 싹이나 냉이, 애쑥, 참죽나물, 혹은 방아 잎으로도 만들 수 있다. 창작과 모험심으로 만들어보자.

> **TIP ■■** 채소 부침 반죽하는 법
> 채소 부침 반죽을 할 때 물을 먼저 붓지 말고 재료에 가루를 넣어 옷을 입히듯 고루 섞은 뒤에 물을 부어 반죽하면 반죽 농도 맞추기도 쉽고 맛있는 부침을 만들 수 있다.

> **TIP ■■■** 현미가루 대신 찹쌀가루를 써도 좋은데, 그때는 물을 2큰술 정도 적게 넣어야 한다.

밥이 거의 다 될 즈음 바가지를 들고 마당으로 내려갑니다. 머위 순과 연한 쑥 잎, 미나리 순 따위를 뜯어 밥에 올려놓고 된장으로 스윽 비벼 먹으면 "맛있다, 행복하다" 감탄사가 절로 나옵니다.

스트레스와 피로를
말끔히 날려 보내고 싶은 날

인디언신선로/ 채소팔보채/ 깻잎조림/ 단호박밤밥

헬레나 노르베리 호지의 책 《오래된 미래》를 읽는 내내 헬레나가 넘나든 구불구불한 고갯길을 함께 넘으며 라다크 땅과 사람들을 직접 보고 싶은 열망으로 잠을 이루지 못하곤 했어요. 그리고 결국 인도에 첫발을 내딛었을 때의 감동과 추억이 아직도 생생합니다.

처음 '오래된 미래'의 길을 따라 갔을 때였어요. 델리의 한 식당에서 커다란 유기 신선로에 담겨 나온 음식은 우리나라 음식하고도 다르고, 같은 신선로에 담긴 중국 음식하고도 확연히 다른 독특한 맛이었어요. 아주 개운하고 깔끔했죠. 거기에 곁들인 땡초 소스의 매콤새콤함이 여독에 지친 몸을 확 풀어줬어요. 여러 모로 깊은 인상을 남긴 음식이었는데 우리나라 대표 궁중 음식인 신선로 그릇에 담긴 이 놀라운 요리는 기름기라고는 전혀 없는 담백하고 깨끗한 전골이었어요.

집에 돌아온 후 이 음식을 재현해보고 급기야는 요리 수업에서 실습도 해보았지만, 십 년 전 그 당시엔 이 맛이 너무 낯설었는지 사람들 반응이 신통찮았습니다. 아무리 먹어도 질리지 않고 맛있었지만, 나 혼자 좋아하고 먹을 수밖에 없는 게 늘 아쉬웠어요. 그런데 사람들의 입맛도 변하고 진화하는 건지 요즘은 '인디언신선로'라고 혼자 이름 붙인 이 음식을 내놓으면 정말 많은 사람들이 좋아합니다. "몸이 아주 편안해지더라"는 반응도 잇따라 나와요.

조리법도 아주 간단해서 다시마와 버섯 우린 물에 재료들을 넣고 끓인 게 다예요. 거기에 매운 고추 몇 개 썰어 넣고 간장에 식초를 약간 넣은 소스를 곁들여서 먹으면 되죠. 버섯, 채소, 두부, 당면을 고루 먹으니 영양 면에서도 부족함이 없습니다. 인도에서 맛보았던 원조 인디언신선로와 다른 점이 있다면 분홍색 보리새우를 뺐다는 정도예요. 채식을 좋아하는 니로선 새우를 빼는 게 당연한 것이지만 맛에도 큰 변화를 주지 않는다고 확신해요.

인디언신선로와 채소를 넣고 지은 맛있는 밥만으로도 족하지만, 조금 서운하게 여길지 모르는 이들을 위해 준비한 게 채소팔보채예요. 여러 재료들을 골고루 넣었다는 점에서 팔보채라 이름을 붙였지만, 재료야 있으면 넣고 없으면 빼도 아무 문제가 없습니다. 늘 있는 재료나 냉장고에 굴러다니는 채소를 사용하면 됩니다. 이 채소팔보채는 중국 요리 팔보채를 우리 입맛에 맞도록 개조한 것인데, 알 수 없는 원료와 첨가물로 만들어진 중국제 양념 대신 그와 비슷한 맛을 내는 된장, 조청 등으로 맛을 보태고, 몸에 좋고 맛도 깊은 오곡가루와 들깨가루를 넣어서 건강한 요리로 재탄생시킨 거예요.

나는 사람들이 "채식이 좋은 건 알지만 채식은 먹을 게 없더라"가 아니라 "이렇게 채소만으로도 온갖 종류의 요리를 만들 수 있네", 나아가서는 "이렇게 맛있을 수도 있네" "정말로 몸이 편하고 기분이 좋네"라고 말할 수 있기를 바라지요. 건강하고 조화롭고 균형 잡힌 맛있는 채식이 있다는 걸 모든 이가 알게 되기를 바라는 마음입니다.

이 밥상에 오른 간장과 들기름으로 졸인 짭조름한 깻잎조림이 입맛을 확 끌어당겨서 '밥도둑'이라는 별명이 붙었어요. 담백한 신선로와 토속적인 채식팔보채를 확실하게 받쳐주는 반찬이에요. 그리고 단호박과 밤을 넣은 밥까지 곁들이면 이 밥상이 한층 고급스러워질 거예요.

인디언신선로

재료
마른 표고버섯 3개, 다시마 사방 6cm,
양배추 잎 4장, 양송이버섯 12개,
애호박 1/2개, 무 1/4개, 두부 1모,
미나리 1줌, 당면 1줌,
다진 청양고추 수북이 1큰술

양념
집간장 7큰술, 식초 6큰술

1. 당면은 미지근한 물에 10분 정도 불려둔다.
2. 다시마와 마른 표고버섯은 물에 불려 건져 1cm 폭으로 썬다. 불린 물은 맛물로 사용한다.
3. 양배추, 양송이버섯, 애호박, 무, 두부를 다시마와 같은 크기로 깍뚝썰기하고, 미나리는 5~6cm 길이로 썬다.
4. 2의 맛물에 무, 양배추, 표고버섯, 다시마, 양송이버섯을 넣고 끓이다가 무가 완전히 물러지면 애호박을 넣고 살짝 끓인다.
5. 먹기 직전에 두부와 당면을 넣고 한소끔 끓인 뒤 미나리를 넣으면서 불을 끈다.
6. 집간장에 같은 양의 식초와 다진 청양고추를 넣어 만든 양념장을 곁들인다.

> **TIP** 국물 요리에 넣는 미나리는 넣자마자 불을 꺼야 미나리의 색과 향이 살아난다.

> **TIP** 양념장을 끼얹어서 건더기부터 건져 먹고, 국물을 훌훌 마시는 게 인디언신선로를 맛있게 먹는 방법이다.

채소팔보채

재료
두부 1/2모, 당근 1/5개, 청경채 2송이, 브로콜리 1개, 파프리카 1/3개, 애호박 1/4개, 표고버섯 4개, 새송이버섯 1개, 생강 1/4개, 식성에 따라서 청양고추 첨가

양념
된장 1큰술, 집간장 1큰술, 토마토 농축액 2큰술(만드는 법은 70쪽 참조), 조청 1큰술, 현미유 2큰술, 들깨가루 수북이 2큰술, 오곡가루 수북이 4큰술

1. 두부는 도톰하게 썰어 노릇하게 구워놓고, 당근과 브로콜리는 얄팍하게 썰어 뜨거운 물에 살짝 데쳐놓는다. 표고버섯과 새송이버섯은 0.5cm 두께로 두부와 같은 크기로 썰어 기름을 두르지 않은 팬에서 노릇하게 구워낸다. 파프리카는 0.5cm 폭으로 채 썰고, 애호박은 0.5cm 두께로 썰고, 생강은 채 썰어두고, 청경채는 손으로 뜯어놓는다.
2. 팬을 달궈 뜨거워지면 현미유를 두르고 생강부터 볶아 향을 살린 다음 두부와 청경채를 남기고 다른 재료들을 넣어 재빨리 볶는다.
3. 재료들이 익으면 청경채를 넣고 물 1/2컵에 된장, 토마토소스, 집간장, 조청을 풀어 넣고 양념한다.
4. 마지막에 두부와 물 1/2컵에 갠 오곡가루를 풀어 넣고 걸쭉해지면 들깨가루를 뿌려서 완성한다.

TIP 오곡가루 만드는 법
오곡가루를 준비해두면 매우 요긴하게 쓰이니 꼭 준비해보자. 현미찹쌀 4 : 차조 1 : 차수수 1 : 기장 1 : 찰보리 1의 배합으로 잘 씻어 밤새 물에 불린 다음 소쿠리에 건져 물기가 빠지면 방앗간에서 빻아와 2~3공기 정도로 나누어 담아 냉동 저장해두고 사용한다. 이 오곡가루로 찜도 하고 죽도 쑤고 요리 부재료로 쓰고, 호떡도 굽고 부꾸미도 만들고 떡도 찔 수 있으니 준비해두면 여러 모로 든든하다. 파는 곳이 없어서 직접 수고해야 하지만, 활용도가 뛰어난 재료이니 꼭 한번 만들어보자. 오곡가루가 없을 땐 유기농 가게에서 파는 찹쌀가루나 감자가루로 대신할 수 있다.

TIP 제 몸에 수분이 많은 채소를 볶을 땐 가능한 한 센불에서 볶는 게 비결이다. 그러나 요리 솜씨가 미숙할 땐 태울 수 있으니 잠깐 불을 낮췄다가 양념을 다 넣고 나서 불을 높이는 것도 방법이다.

깻잎조림

재료
깻잎 40장, 청양고추 1개

양념
집간장 5큰술, 들기름 4큰술

1. 깻잎은 씻어 물기를 빼고 준비한다.
2. 청양고추를 다져 간장과 들기름을 잘 섞어 깻잎에 끼얹고 2~3시간 재워둔다. 깻잎 사이사이에 간이 잘 배도록 이따금 뒤적거려주면 간이 고르게 배여 더 맛있다.
3. 재운 깻잎을 프라이팬에서 굽듯이 살짝 익혀낸다. 구울 땐 3~4장 이상 겹쳐서 재빨리 구워내는 게 중요하다. 한 장씩 구우면 축 늘어져서 다루기가 더 힘들다.

> **TIP** 깻잎조림은 밥도둑이라 불릴 만하다. 짭짤해서 도시락 반찬, 밑반찬으로도 요긴하게 쓰인다. 양념간장에 절인 깻잎을 굽지 않고 생으로 먹어도 좋다.

단호박밤밥

재료
단호박 1/2개, 밤 8개, 감자 2개,
오분도미 2컵

양념
없음

1 단호박은 잘 씻어 껍질째 여러 조각으로 자른다.
2 밤은 겉껍질만 벗겨내고 속껍질째 준비한다.
3 감자도 잘 씻어서 반으로 쪼개둔다.
4 30분 정도 불린 오분도미에 단호박과 밤, 감자를 넣어 밥을 짓는다.

TIP▪ 단호박, 감자, 밤 외에 브로콜리, 애호박, 가지, 양배추 등을 큼직하게 썰어 넣고 밥을 짓기도 한다. 소금만 곁들이면 다른 반찬 없이도 한 끼 식사가 된다.

TIP▪▪ 밥을 지을 때 거의 같은 양의 다른 재료들이 들어가므로 불린 쌀이라 하더라도 보통 때보다 물의 양을 조금 더 늘린다.

50

소금, 어떻게 고르지?

　단일 품목으로서 끼친 영향이 소금만큼 큰 건 인류 역사상 없다고 하는데 물과 소금은 생명 유지에 필수 물질이죠.

　대나무에 넣어 아홉 번을 구웠다는 죽염에서는 몸에 이롭다는 유황 성분이 있어 유황 맛이 납니다. 히말라야나 인도의 아부산에서 캔 암염에서도 유황 맛이 나요. 이런 소금엔 미네랄도 듬뿍 들어 있습니다. 1,200도 이상 고온의 도자기 가마에서 구운 소금에서도 불순물이 제거된 달착한 맛이 감도는 소금을 맛볼 수 있고, 1,300도 넘는 용광로에서 제련시킨 소금에서는 달착한 맛은 느껴지지 않지만 수정처럼 맑은 빛과 완전히 정화된 생명 기운을 느낄 수 있어요. 또 안데스의 호수 소금도 빛소금처럼 깨끗하게 정화된 맛이 느껴져요. 우리나라의 태안염도 이에 못지않게 부드러운 달착함이 느껴집니다. 이런저런 소금을 맛보면서 소금이 우리 생명에 정말 중요하다는 걸 알게 됐어요.

　깨끗하게 만든다는 목적과 대량 생산이라는 경제적 이유로 공장에서 만들어진 재제염(꽃소금)은 위생적이긴 해도 만드는 과정에서 소금 성질을 상승시켜주는 미네랄도 함께 제거되기 때문에 소금으로서 제 기능을 할 수 없게 된다는 단점이 있어요. 된장과 간장을 담글 때는 콩과 메주, 물, 소금, 햇빛과 바람, 정성이 중요한데 특히 소금이 좋으면 장이 달착해지고 햇빛이 좋으면 향이 좋아져요.

　소금을 선택하는 기준으로는 소금이 깨끗하게 정제된 것인지, 고온에 굽거나 정제시켜서 불순물을 없앤 것인지로 나눌 수 있어요. 죽염이나 도자기염이나 용광로에서 녹인 빛염은 화학 물질을 사용하지 않고 불의 기운과 성질을 이용해서 소금의 효과를 상승시켰다는 점에서 좋아요. 구운 소금이나 천일염 중에서도 깨끗한 태안자염은 성분도 좋고 값도 싸서 좋고요. 호수 소금이나 암염은 수입에 의존해야 하기 때문에 한 발 먼 느낌이에요.

　나는 보통은 구운 소금이나 태안자염을 쓰고, 소금만 가지고 맛을 내는 요리나 소스를 만들 때는 도자기염을 주로 씁니다.

맛있는 채소를 듬뿍 먹고 싶은 날

버섯채소샤브샤브 / 참깨 · 사과소스

경복궁 담자락 곁에 '길담서원'이라는 자그마한 인문학 서점이 있습니다. 책과 함께 음료도 팔고 공부·영화·음악·춤 모임도 갖고, 주말엔 여러 행사가 열리기도 하는 문화 공간이에요. 삼사십여 명이 들어앉으면 꽉 차는 공간이지만 이곳에서 대형 프로젝트와 완벽한 음향 시스템으로 보고 듣는 공연이 때론 라이브보다 더 큰 울림으로 영혼을 적셔주기도 합니다.

작년, 성탄절이 가까운 밤에 그곳에서 '길담 백야제'가 열렸습니다. 해질녘부터 모여 공연 관람도 하고 와인 파티도 하고 가벼운 야참도 먹으며, 밤새워 속내 이야기들을 나누는 '야심 데이트'를 했지요. 이날 밤 준비한 야참이 '버섯채소샤브샤브'였습니다. 늦은 밤에 먹는 야참이라 위에 부담을 주는 음식은 좋지 않을 것 같아서 여러 가지 약초를 넣고 끓인 물에 소화와 연소가 잘되는 채소와 버섯을 살짝 데쳐 먹도록 음식을 장만했어요.

'음식에 사용하는 약초'는 약초라기보다는 초재草材라는 이름이 더 어울릴 만한, 갖가지 풀을 말린 것들이라고 보면 됩니다. 여기서는 황기, 황정(둥굴레), 오가피, 감초, 구기자, 다시마, 말린 표고, 대추 등을 사용했는데, 이걸 다 넣어야 하는 건 물론 아니에요. 이것들 대신 말린 치커리, 엉개나무 껍질, 구지뽕이나 칡뿌리 등 가까이 있는 걸 넣어도 됩니다. 얼마나 넣느냐가 문제인데 "황기나 칡처럼 향이나 성질이 강한 놈은 조금만 넣고, 둥굴레, 표고, 대추처럼 성질이 온화한 녀석들은 좀 많이 넣어도 된다." 이렇게 알고 있으면 될 것 같아요.

이 약초들을 푹 끓인 물에 갖가지 채소와 버섯을 데쳐서 소스에 찍어 먹는데 "어, 이런 것까지 먹을 수 있나?"라고 생각될 만한 것들도 창의력을 발휘해 도전해보는 것도 좋습니다. 길담 백아제가 있던 날은 상추, 브로콜리, 깻잎, 냉이, 쑥갓, 호박, 양송이버섯, 표고버섯, 새송이버섯, 느타리버섯, 팽이버섯을 끓는 약초맛물에 담갔다가 건진 뒤, 고소한 참깨소스나 달콤새콤하게 맛을 낸 사과소스에 찍어 먹었어요. "아하!" "와!" 맛있다는 감탄사가 여기저기서 들려옵니다.

채소가 비타민 등의 영양 성분이 많고 혈액을 맑게 한다는 건 상식처럼 되어 있지만 많은 양의 채소를 한꺼번에 먹기가 힘들잖아요. 몸에 좋지만 주의해야 할 점은 채소류엔 수분 함량이 많아 성질이 차다는 거예요. 성질이 찬 걸 한 번에 많이 먹으면 특히 겨울에는 좋지 않아요. 겨울엔 여름 내내 그토록 맛있게 먹던 상추에 손이 잘 안 가는 이유도 그래서입니다.

뜨거운 약초맛물에 담갔다가 건져 먹는 샤브샤브의 조리법이 좋은 까닭은 차가운 성질의 채소를 따뜻하게 먹을 수 있고, 또 많은 양을 먹을 수 있어서입니다. 게다가 맛도 좋거든요. 다 먹고 나면 그렇게 고기를 찾던 사람들도 "세상 안 부럽다"고 해요. 그러나 진짜 하이라이트는 거의 다 먹고 나서 마무리로 오색국수를 넣어 먹는 겁니다. 오미자, 치자, 녹차, 버섯 등으로 반죽한 국수의 담백한 맛에 약초와 채소, 버섯이 어울린 국물 맛이 일품입니다.

약초맛물은 좀 많이 끓여서 차 마시듯이 음료로 마셔도 좋고, 된장찌개 끓일 때 사용해도 좋습니다. 만들기도 쉽고 먹기에도 부담 없는 버섯채소샤브샤브, 따뜻한 국물이 생각날 때나 많은 수의 손님을 치를 때 한번 만들어보세요.

버섯채소샤브샤브

1 약초맛물을 준비한다.***
2 다 함께 둘러 먹을 수 있을 정도의 냄비에 약초맛물을 넣고 다시 끓인다.
3 각자 앞 접시에 준비한 참깨소스와 사과소스를 조금씩 담는다.
4 끓는 약초맛물에 준비한 버섯과 채소들을 담갔다가 건져서 소스에 찍어 먹는다. 중간중간에 국물을 떠서 마시면 몸을 덥혀주는 약성을 느낄 만큼 시원하고 개운하다.
5 마지막에 국수를 넣어 끓인 뒤 익으면 각자 남은 소스에 버무려 먹는다.

재료

약초맛물

말린 표고버섯 2~3개, 구기자 1큰술, 황기 1뿌리, 오가피 1/2개, 다시마 사방 10cm, 칡뿌리 작게 자른 것 1개, 둥굴레 1줌(그 밖에 맥문동, 하수오, 감초, 뽕 등도 쓸 수 있다)

버섯채소샤브샤브 *

상추, 쑥갓, 치커리, 비타민, 미나리, 깻잎, 청경채, 브로콜리, 배추, 새송이버섯, 양송이버섯, 느타리버섯, 팽이버섯, 표고버섯, 호박 등 각기 조금씩 준비, 오색국수 2줌 **

양념

둘 다 없음

> **TIP *** 계절에 따라 단호박, 더덕, 민들레, 연한 쑥잎, 머위싹, 참죽순, 칡순, 냉이, 시금치, 아카시아꽃, 씀바귀꽃, 방풍나물, 당귀 잎, 참나물, 취나물 등 온갖 산나물과 푸성귀를 사용할 수 있다.

> **TIP **** 유기농 가게에서 구입할 수 있다. 일반 국수를 이용해도 괜찮다.

> **TIP ***** 약초맛물 만드는 법
> 약초맛물 재료를 10컵의 물에 넣고 20분 정도 푹 끓인 뒤 재료를 걸러내어 만든다.

약초맛물

재료 및 양념

참깨소스

참깨 수북이 4큰술, 조청 수북이 1큰술,[1] 집간장 8~9큰술, 참기름 1/2큰술

사과소스

사과 1개, 유자청 1큰술, 식초 2~3큰술, 구운 소금 2작은술, 생강가루 1작은술

참깨소스

1. 참깨를 아주 곱게 갈아 조청, 간장과 섞고 참기름을 넉넉하게 넣어 되직하게 갠다.[2]

사과소스

1. 사과와 식초, 소금을 넣어 믹서에 간다.[3] 여기에 잘게 썬 유자청과 생강가루를 넣어 섞는다. 사과 향을 없애지 않을 정도로 참깨가루를 넣어도 좋다.

> **TIP**[1] 조청은 쌀조청, 현미조청, 오곡조청, 수수조청, 호박조청 등이 있는데 가능하면 유기농 가게에서 구입하는 것이 좋다. 맛있기는 오곡이나 수수조청이 으뜸이고, 호박조청과 현미조청도 쓸 만하다. 일반적으로 시판되는 조청은 달기만 하고 깊은 맛이 나지 않으니 주의해서 골라야 한다.

> **TIP**[2] 입맛에 따라 연겨자나 고운 고춧가루를 첨가하여 잘 섞어준 뒤 먹어도 좋다.

> **TIP**[3] 사과는 강판에 갈아야 성질도 맛도 더 좋은데 믹서에 간다면 식초를 넣어줘야 잘 갈린다.

재료의 풍미를 최대한 살리는 것, 이것이 자연 요리입니다. 그러다 보면 재료가 중요하다는 것, 달리 지지고 볶고 할 필요가 없다는 걸 알게 되지요.
그래서 되도록이면 재료를 건들지 않는 쪽으로 가게 됩니다.

든든한 보양식으로 원기를 찾고 싶은 날
사찰보양전골/ 장김치된장지짐이/ 무청들깨나물/ 밤대추은행팥밥

예전에 요리 학원을 할 때 어느 시골 화원에 놀러 간 적이 있어요. 안주인이 파랗게 데친 미나리에 된장과 참기름을 넣고 조물조물 무치는 걸 보았죠. 구수한 된장 냄새가 시장기를 돋우어 염치불구하고 한입 먹어본 그 맛이라니! 미나리의 아삭거리는 감촉과 향긋함, 잘 숙성된 된장의 구수하고 달큰한 맛, 고소한 참기름의 맛과 향기가 각각 살아있으면서도 어우러지는 묘미가 '아, 이거다' 싶더군요.

요리 선생의 코를 납작하게 만든 그 맛이 가슴에 불을 질렀나봅니다. 온갖 양념으로 복잡하게 버무려 지지고 볶아서 만든 정체를 알 수 없는 요리, 화려하고 멋지고 기름져도 생명에 도움이 되기는커녕 해가 되는 요리들에 더욱 싫증이 났어요. '맛도 있고 생명력도 지니려면 손수 밭을 갈아 거름 주고 농약은 얼씬도 못하게 하여 키운 푸성귀와 직접 담가 햇볕과 바람에 숙성시킨 장으로 간소하게 차린 시골집 밥상이나 절집 밥상밖에 없겠구나' 하는 생각이 더욱 절실해진 거죠. 그래서 한 스님을 모셔다가 절집 음식을 배우기로 했어요.

전부터 잘 알던 비구 스님으로 어릴 때 불국사에 출가하여 법랍이 오십 년이 다 된 분이었는데, 시도 짓고 음식도 잘하셨습니다. "수행의 첫걸음이 손수 만든 음식"이라고 하셨죠. "스님이 되려면 제일 먼저 공양간 공부부터 시작해야 한다"고 하시더군요. 그러니까 영혼을 갈무리해서 나오는 빛과 향기를 몸이 받아들일 수 있으

려면 음식의 생명력과 정갈함이 중요하다는 이야기였습니다.

자신의 생명을 유지하기 위해 다른 생명체를 해치지 않아야 지구 생명 공동체인 우리 모두의 안전이 지켜진다는 걸 이때 어렴풋이 알게 되었던 것 같아요. 그러면서 밥상을 차린다는 건 나와 나를 에워싼 모든 것을 생명과 평화로 재창조하는 것이구나 하고 깨닫게 되었습니다.

이때 스님께 배운 음식 가운데 인상에 남는 것이 사찰보양전골이에요. 쉽고, 맛나고, 영양가 있고, 간단해서 오히려 공들이고 싶어지는, 먹어서 몸도 편하고 마음도 편한 요리, 무엇보다 내 밥상에 자주 올리는 음식이라야 나누기가 쉽습니다. 이 보양전골이 바로 그런 음식이에요.

내가 즐겨 만들고 먹는 음식들은 대개 이렇게 간편하면서도 맛있는 음식들이에요. 혼자 먹으면서도 "맛있다. 맛있다. 아, 행복해"란 말이 절로 나오는 음식들, 입맛이 살아나서 양념을 하지 않아도 맛있는 음식들이죠.

장김치된장지짐이와 무청들깨나물도 조리법이 단순하기론 으뜸입니다. 밥도둑이라는 게 실감날 만큼 토속적인 맛이 입맛 당기게 하는 반찬이에요. 김치와 된장, 햇살 가득 머금은 말린 무 잎과 고소한 두부와 들깨가루…… 생각만 해도 군침이 돌지 않나요? 나는 보는 것만으로도 맛과 향이 느껴져요. 예전엔 즐겨 먹었지만 지금은 손도 안 대는 갖가지 음식 앞에선 "눈으로 먹었다. 마음으로 먹었다"며 함께 먹기를 권하는 사람들에게 답하곤 해요. 이 말은 진심이기도 합니다. 뇌가 느끼는 기억의 회로가 하도 사실적이어서 때로는 "정말 먹지 않고도 살 수 있겠다"라는 조금은 황당한 생각이 들 때도 있으니까요.

좀 호사를 부려본 찰밥과 만들기 간단한 보양전골, 김치지짐이, 무청나물, 이것만으로도 온몸 가득한 원기를 느끼는 건 물론이고 손님 접대상으로 내어놓아도 놀라울 만큼 반응이 좋을 거예요.

사찰보양전골

재료
양송이버섯 8개, 말린 표고버섯 4개,
단호박 1/3개, 두부 1/2모, 밤 8개,
은행 12개, 호두 5개, 잣 1줌,
다시마 사방 5cm

양념
들깨가루 수북이 5큰술, 구운 소금 1큰술,
현미유 2큰술

1. 마른 표고버섯과 다시마를 물에 불렸다가 건져서 잘게 썰고, 불린 물은 맛물로 사용한다.
2. 양송이버섯과 단호박은 잘게 썰어두고, 두부는 1cm 두께로 썰어서 현미유를 두르고 노릇하게 지진 뒤 깍둑썰기한다. 뜨거울 때 썰면 부서지므로 조금 식힌 후에 썬다. 밤과 은행, 호두, 잣은 속껍질째 준비한다.
3. 전골 냄비에 준비한 재료를 같은 재료끼리 마주보게 돌려 담고, 그 위에 들깨가루와 소금, 호두, 은행, 잣을 넣고 맛물을 부어 뽀얗게 우러날 때까지 끓인다. 채소에서 물이 나오므로 맛물을 많이 붓지 말고 잘박할 정도로만 붓는다.

TIP 밤, 은행, 호두, 잣의 속껍질에는 약성이 들어 있어 몸의 면역력을 높여준다. 건강에도 좋고 자연에도 좋고 수고로움도 덜 수 있으니 앞으로는 껍질째 먹어보자. 은행은 약성이 강한 만큼 음식으로는 조금씩 먹는 게 좋고, 밤 속껍질에는 해독 효과가 있어 숙취에 좋다. 호두나 잣은 비타민, 칼슘, 마그네슘과 좋은 지방이 많아 약선 식품으로 꼽힌다.

장김치된장지짐이

재료
배추 장김치 1보시기,
(배추 장김치 만드는 법은 207쪽 참조)
다진 청양고추 1큰술

양념
된장 수북이 1큰술,
현미유나 포도씨유 2큰술

1 배추 장김치를 반으로 썬 다음 찢어지기 쉽게 세로로 칼금을 넣어 된장과 다진 청양고추, 기름에 무친다.
2 물 1/2컵을 붓고 처음엔 센불로 끓이다가 끓기 시작하면 중불로 낮추어서 10분 이상 푹 끓인다.

TIP 재료와 화력의 조절이 중요한데 물기가 있는 동안은 센불, 뜸을 들일 때는 약불로 한다. 불 조절을 잘해야 맛이 깊은 배추지짐이가 된다. 장김치 대신 묵은지를 물에 씻어서 같은 방법으로 지져도 맛있다.

배추 장김치

무청들깨나물

재료
말린 무청 1줌, 두부 1/2모

양념
들깨가루 수북이 2큰술, 구운 소금 1/2큰술

1. 무청은 하룻밤 정도 불려두었다가 불린 물 그대로 사용하여 삶는다.■
2. 물러지면 깨끗이 씻어 잘게 썬 뒤 두부 으깬 것과 들깨가루, 소금을 넣고 맛이 배도록 살살 주물러준다.■■■

> **TIP ■ 무청시래기 삶는 법**
> 말린 채소는 어떤 것이든 물에 충분히 불려야 잘 삶긴다. 충분히 잘 불린 무청은 15분 정도 삶아도 되지만 질기거나 충분히 불리지 못한 무청은 삶는 시간이 매우 오래 걸린다. 10분 이상 삶아서 채소 줄기를 씹어봐 질기지 않을 때 불을 끈다. 잘 무르라고 소다를 넣기도 하지만, 나는 소다 냄새 배는 게 싫어서 사용하지 않는다.

> **TIP ■■■ 두부 으깨는 법**
> 두부를 으깰 때는 아래 사진과 같이 두부를 도마 위에 놓고 칼을 옆으로 뉘여 으깨면 곱게 으깨진다.

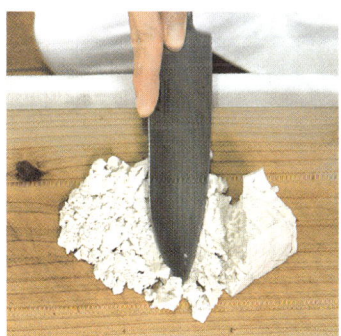

두부 으깨기

밤대추은행팥밥

재료
찹쌀 2컵, 밤 8개, 대추 5개, 은행 10개, 팥 4큰술

양념
없음

1 찹쌀은 씻어서 불려두고, 밤과 대추는 썰어두고, 은행도 준비한다.▪
2 팥을 삶아 충분히 물러지면 준비한 재료들을 함께 넣어 밥을 짓는다.▪▪ 찹쌀은 멥쌀보다 물을 적게 먹으므로, 쌀의 양과 물의 양을 대략 같게 잡으면 된다.

TIP▪ 허할 때 먹는 찰밥. 거기에 약성이 깃든 대추, 은행, 밤까지 곁들이면 조금만 먹어도 든든해진다. 밤과 은행의 속껍질은 벗기지 않고 그대로 사용한다.

TIP▪▪ 팥 삶는 법
팥을 맛있게 잘 삶으려면 하룻밤 정도 물에 불려두는 게 좋다. 불린 팥에 물을 붓고 끓여 처음 끓는 물은 따라내고 다시 찬물을 부어서 익힌다. 그러면 떫은 맛도 가시고 잘 익는다.

세포를 살리는 생식가루 만들기

햇볕과 바람에 말린 생식 재료들이 몸 세포의 좋지 못한 시스템을 변화시켜주는 걸 온 몸으로 체험하며 산 때가 있습니다. 그런 삶의 방식은 그 자체로 축복이며 희망이었습니다. 그러나 딸애의 공부를 위해 몇 년간의 산 속 생활을 접게 되었습니다. 지금은 더 이상 곡식 말릴 땅은 비록 없이 살지만 잘못된 세포의 시스템을 바꾸고 면역력과 에너지를 활성화시켜주는 생식은 포기하지 않고 삽니다. 지금도 여전히 사람들을 만나면 생식을 간단하게 만들 수 있는 방법을 일러줍니다. 햇빛이 잘 들어오는 베란다나 창문턱, 또는 작은 마당이 있다면 한번 해보세요.

나는 신이 자연을 통해 준 종자들은 나름대로 쓰일 목적이 있으리라고 믿기에 되도록 모든 종류의 씨앗을 다 씁니다. 이를테면 현미, 찹쌀, 녹미, 적미, 흑미, 보리, 율무, 검정깨, 참깨, 들깨, 녹두, 팥, 옥수수, 차조, 기장, 수수, 서리태, 백태, 쥐눈이콩 등인데 이것들을 밥을 지을 때의 혼식 비율 정도로 섞습니다. 말리는 방법은 커다란 대소쿠리에 삶은 면 보자기를 깔고 깨끗이 씻은 재료를 펴 말려요. 빠른 시간 안에 말리고 싶다면 재료가 겹치지 않을 만큼만 말리세요. 그리고 그냥 햇볕에 던져두지 말고 고루 마를 수 있게 손으로 쓰다듬고 돌려주고 해야 합니다. 생명체라서 관심을 주고받기를 원합니다. 잎채소(주로 야생 산나물)는 말리기 힘들지만 뿌리채소(감자, 참마, 고구마, 당근, 우엉, 연근 등)와 열매채소(호박, 가지 등) 그리고 표고버섯과 다시마 같은 건 잘 말라요. 되도록 '얇게 썰기'와 '차곡차곡 겹치지 않게 널기'에 신경쓰고 잘 돌봐준다면요.

이렇게 말려진 재료를 제분소에 가서 빻아오면 됩니다. 곡식과 채소의 배합 비율은 5:1 정도가 적당합니다. 나머지 다른 종류는 몸 상태나 각자의 식성에 따라 적당히 섞어주면 되지요. 이렇게 빻은 가루를 맨침에 녹여 삼키거나 꿀이나 효소를 넣고 미숫가루처럼 타먹거나 해요. 하루에 한 끼 정도만 먹어도 몸이 달라지는 걸 느낄 수 있습니다. 과일과 생채소를 곁들여 먹어도 좋고, 분해 흡수가 빠르기 때문에 여행식이나 집중력이 필요할 때 도움이 됩니다.

쉽고 화려한 파티상을 차리고 싶은 날

채식철판구이/ 참다래 · 들깨 · 토마토소스

음식 솜씨 없는 새댁, 일 년 내내 바쁜 직장인, 가족을 사랑하지만 일에 지쳐 가족에게 늘 미안한 아빠들, 외로움이 더 큰 싱글 남녀들을 위한 근사하고 맛있는, 무엇보다 만들기 쉬워 언제라도 즐길 수 있는 멋진 파티 요리를 소개할게요.

한 마에 일이천 원쯤 하는 광목이나 면직물, 혹은 닥종이 같은 것을 사다 식탁보로 분위기를 내고, 아로마 향에 촛불을 켠 뒤 와인 한 잔을 곁들여도 좋을 요리입니다.

갖가지 채소를 큼직하게 썰어 즉석에서 구워 먹는 요리이기 때문에 무엇보다 재료 선택이 중요합니다. 혹 텃밭이라도 가꾸어 신선한 푸성귀가 있으면 모두 사용해보세요. 그렇지 못하다면 가까운 유기농 식품 매장으로 가보세요. 유기농 채소가 비싸긴 해도 밖에서 사 먹는 요리보다는 저렴할 거예요. 맛도 훨씬 좋고요.

재료는 구워서 먹을 만하다 싶은 것이면 무엇이든 도전해봅니다. 고정 관념을 깨면 훌륭한 창작 요리가 탄생할 수 있어요. 버섯, 두부, 브로콜리, 고구마, 감자, 애호박뿐만 아니라 파프리카, 도토리묵, 사과도 구워 먹을 수 있어요. 다 함께 모여 색다른 맛을 즐기다 보면 웃음 속에서 행복 바이러스가 퍼질 거예요.

만들기도 정말 쉬워요. 재료들을 씻어서 먹기 좋은 크기로 썰어 소쿠리에 보기 좋게 담습니다. 소스도 준비하고요. 감자나 고구마같이 단단한 건 살짝 익혀내는 게 좋습니다. 콩나물국을 끓여 국물은 마시고 콩나물은 건져두었다가 남은 채소와 김치를 송송 썰어 넣고 볶음밥을 해서 먹는 걸로 식사까지 마무리! 이렇게 먹고 나면 설거지도 간단하고, 몸과 마음도 깨끗해지고, 물과 세제를 덜 쓰니 지구도 좋아해요.

재료를 준비할 때는 오늘 몇 명이 식사할 텐데 한 사람이 호박 자른 깃을 몇 개나 먹을 수 있을까 가늠해보면 됩니다. 손가락을 호박에 대고 토막이 몇 개나 나올지 가늠해보면, 애호박 한 개 가지고도 대여섯 명은 충분히 먹을 수 있다는 계산이 나올 겁니다. "감자는 몇 토막을 먹을까? 사과는?" 이런 식으로 생각해보면 장을 보는 데 도움이 될 거예요.

정말 간단한 요리라 구워서 찍어 먹을 소스에 공을 들여야 할 것 같아요. 이런 식으로 밥상을 구상할 땐 머릿속에 먼저 이 음식들이 지닌 색감을 떠올려보세요. 그 빛을 골고루 밥상에 올려본다고 마음에 그려봅니다. 적어도 노랑, 빨강, 초록, 하양, 검정에 가까운 갈색, 이 다섯 가지 색을 한 그릇에 담겠다는 게 내가 차리는 밥상의 기본 골격이에요. 이런 이치를 생각하며 만든 것이 갈색의 들깨소스, 녹색의 참다래소스, 붉은색의 토마토소스예요. 단순한 상차림이지만 색깔의 조화가 살아있는 멋지고 화려한 상차림입니다. 좋아하는 사람들과 나누는 음식, 그리고 마음 편한 이야기, 가슴을 적시는 부드러운 음악, 이러한 나눔이 때로는 삶에 좋은 에너지가 되기도 합니다.

소스는 각자 개인 접시에 덜어 먹은 다음, 남으면 마지막에 볶음밥 먹을 때 양념으로 사용합니다. 이렇게 먹고 나면 뒤끝이 깨끗해지죠. 설거지가 간단하도록 상차림을 하는 것은 생태적 삶을 위해 꼭 필요한 일이에요. 그래서인지 이렇게 먹고 나면 늘 사찰의 상차림인 '발우공양'이 생각나요. 맛있게, 깨끗이 먹고 나면 몸도 마음도 개운하고, 그러다 보면 저절로 감사한 마음이 들게 됩니다. 설거지가 간편하니 차 한 잔 나눌 여유도 생기고, 하루가 그만큼 천천히 흘러가니 마음의 평안도 더 커집니다.

채식철판구이

재료

두부 1/2모, 가지 1개, 애호박 1/2개, 단호박 1/4개, 파프리카 색깔별로 1/2개씩, 브로콜리 1/2개, 사과 1/2개, 양송이버섯 4개, 표고버섯 4개, 새송이버섯 1~2개, 팽이버섯 1봉지, 감자 1개, 고구마 1개, 양배추 잎 2~3장, 떡 조금, 도토리묵, 청포묵 각 1/2개, 콩나물 3줌, 오곡밥(오분도미 1컵, 차조 1큰술, 보리 1큰술, 기장 1큰술, 차수수 1큰술) 2~3공기, 김치 조금

양념

현미유 2큰술

1. 재료들을 구워 먹기 좋은 크기와 두께로 썬다.
2. 감자와 고구마는 뜨거운 물에 살짝 익혀두면 구울 때 잘 익는다.
3. 굳어진 떡과 쪼갠 브로콜리는 끓는 물에 데쳐서 찬물에 헹궈둔다.
4. 콩나물국에는 표고버섯 기둥 쪼갠 것을 함께 넣어 끓이는데 소금을 조금 넣어 간을 맞춘다. 국물은 구운 채소 먹을 때 어묵 국물처럼 마신다. 콩나물은 건져서 썰고, 김치도 잘게 썰어서 밥 볶을 때 쓴다.
5. 커다란 팬을 준비해서 달궈지면 현미유를 약간 두르고 준비한 재료들을 구운 다음 소스에 찍어 먹는다. 구운 채소를 흡족하게 먹은 다음 콩나물과 김치, 남은 채소와 소스를 넣고 볶은 밥도 환상적일 만큼 맛있다.

> **TIP** 다음에 소개하는 세 가지 소스가 서로 받쳐주어 맛이 더 상승한다. 따라서 세 가지 소스를 다 준비하는 게 좋다. 구울 때 채소에서 수분이 나오므로 기름을 너무 많이 사용하지 않는다. 그래야 재료의 풍미도 더 즐길 수 있다.

재료 및 양념

참다래소스
참다래 2개, 매실 효소 1~2큰술, 구운 소금 2작은술, 식초 1큰술, 곱게 채 썬 생강 2작은술

들깨소스
들깨 수북이 4큰술, 들기름 8~9큰술, 구운 소금 1작은술

토마토소스
토마토 농축액 6큰술, 집간장 2~3큰술, 조청 1큰술, 생강가루 1/2작은술, 다진 청양고추 조금

> **TIP** ▪ **토마토 농축액 만드는 법**
> 토마토를 잘게 썰어 짓눌러주면서 끓인다. 센불에서 시작해 끓기 시작하면 중간불이나 약불에서 1시간 가량 졸이는데, 눋지 않도록 나무주걱으로 잘 저어준다. 토마토의 수분이 날아가고 과육이 농축되면 병에 넣어 냉장보관한다. (토마토 농축액 병조림 하는 법은 99쪽 참조) 보통 크기의 토마토 1개를 농축하면 수북이 1큰술~1큰술 반 정도의 양이 나온다. 농축액으로 토마토소스를 만들어 피자나 파스타, 샐러드드레싱 등의 소스로 사용할 수 있다.

> **TIP** ▪▪ 토마토 농축액 대신 토마토 케첩 수북하게 4큰술에 집간장 1~1.5큰술, 다진 청양고추를 약간 넣어 만들어도 좋다.

토마토 농축액 만들기

참다래소스

1 참다래를 숟가락으로 으깨거나 강판에 갈아서 효소, 식초, 소금, 생강을 넣어 혼합한다. 이 때 생강을 아주 곱게 채 썰어서 찬물에 담갔다가 건지면 쏘는 맛이 덜하고 향기가 은은해지면서 생기가 돈다.

들깨소스

1 준비한 재료를 잘 혼합한다.

토마토소스

1 토마토 농축액▪에 간장과 조청을 넣어 잠시 졸인다. 생강가루를 조금 넣어 섞은 뒤 기호에 따라 고운 고춧가루나 다진 청양고추를 넣는다.▪▪

한 가지 일에서 다른 일로 넘어갈 때 차 한 잔의 휴식을 취하면 더 즐겁게 일할 수 있습니다. 소박하지만 깊은 향을 지닌 차 재료들이 주위에 많다는 걸 알고부터는 차를 직접 만들어 마십니다.

무의 색다른 맛을 즐기고 싶은 날

채소전유어/ 무밤찜

무 한 개, 연근 한 뿌리, 당근 한 개, 고추 몇 개, 배춧잎 여남은 장. 수업에 내놓은 재료가 고작 이러니 실망감이 감춰지지 않는 표정입니다. 이 책에 담은 열두 밥상이 내가 하는 요리 강좌 '자연식 요리교실'의 커리큘럼인 셈인데 석 달 동안 일주일에 한 번씩 모여서 배우고 먹는 음식 재료들이 빤합니다. 때때로 과일이나 약초가 곁들여지기도 하지만 대부분은 채소 가게를 옮겨놓은 듯 늘 부터 버섯과 채소들뿐이에요. 그래도 잠깐의 수고를 거치면 "채소만으로도 이렇게 풍성하고 화려할 수 있구나!" 한마디씩 하면서 다들 놀라워합니다.

"집에 가서 다시 해보면 정말 별거 아니라는 걸 알아요. 늘 하던 음식이고, 있는 재료를 활용하는 것인데도 배우는 게 있어요." "시간이 없는 것도 아니면서 왜 그리 바빴을까? 이제부턴 좀 천천히, 조금 더 비우고, 가볍게 살아야겠다는 생각이 들었어요." "가족이 먹는 음식을 내 손으로 만든다는 것, 그 소중함이 새삼 느껴졌어요." 수강생들의 한마디 한마디가 가슴에 와 닿습니다. 그리고 그런 반응들이 참 고맙기만 합니다. 그런 고맙고 행복한 마음으로 만드는 요리 더욱 맛있는 것이겠지요. 그럼, 오늘은 또 그 별것 아닌 것들이 어떻게 변신을 할까요?

"무와 당근, 연근은 얄팍하게 썰어 살짝 데치고요. 배춧잎 줄기는 방망이로 잘근잘근 두드려줘요. 이 채소전을 제사상에 올렸더니 우리 동서가 맛있다고 해서 이젠 제사 때마다 챙겨요. 갈비찜 맛이 나는 무밤찜도 인기가 좋아요. 전에 어느 분이 집에 가서 늦게 들어온 아들 며느리 상에 이 음식을 내놨더니 '어머니, 갈비는 누가 다 건져 먹었나보지요?' 하더래요."

맛있다고들 하지만 내가 한 건 아무것도 없습니다. 순전히 간장과 조청이 무와 채소들과 함께 어울려 이룬 화합의 공일 뿐이에요. 여기에 현미유가 들어가서 맛을 부드럽게 해주는 겁니다. 무찜을 할 때마다 자연이 일궈낸 맛이 바로 이런 거라는 걸 다시 한 번 느끼게 돼요. 약성과 영양이 풍부한 소박한 밥상의 미학이 바로 이런 음식에 있지 않나 싶어요. 가을무의 달큰함과 시원함엔 따로 양념이 필요하지 않아요. 가을무는 양념을 할수록 맛이 떨어집니다.

재료의 풍미를 최대한 살리는 것, 그게 자연 요리입니다. 그러다 보면 좋은 재료가 중요하다는 것, 달리 지지고 볶고 할 필요가 없다는 걸 알게 되지요. 그래서 되도록이면 재료를 건드리지 않는 쪽으로 가게 됩니다. 전유어를 지지면서 달걀옷 입히는 것도 재료 맛을 왜곡하는 거예요. 달걀은 주인공이 되어야 돋보이지, 부재료로 들어가면 본 재료의 향미를 죄다 잡아먹어버려요. 반면에 통밀가루, 메밀가루, 도토리가루, 치자물은 색도 맛도 그만입니다. 이것들은 본 재료들이 지닌 에너지가 더 커지고 서로 조화를 이루도록 받쳐주는 역할을 하지요.

요리 강좌 시간이 끝날 즈음, 누군가 얘기합니다. "여기서 먹는 건 많이 먹어도 불쾌하지 않고 소화도 잘되고 든든해요." 채식은 우리 몸속에서 소화, 분해, 흡수가 잘되기 때문이지요. 고기를 태우면 기름진 검댕이 들러붙지만 채소를 태우면 가벼운 재만 남는 걸 보면 쉽게 알 수 있어요. 다들 배가 부르도록 맛있게 먹고 착한 유기농 커피까지 마시며 이런저런 수다를 곁들이고 나면 그제야 수업이 끝납니다. 흡족한 얼굴로 "다음 주가 기다려져요"라며 손 흔들고 가는 모습을 보면 나 역시 웃음이 나고 행복함에 젖어들곤 합니다.

채소전유어

재료
통밀가루 1컵, 메밀부침가루 4/5컵,
도토리부침가루 1/2컵,
배춧잎 4장, 무 1/4개,
당근 1/2개, 연근 1/2개,
고추 10개, 치자 3~4개

양념
구운 소금 2작은술, 현미유 1/2컵 정도,
양념간장(집간장 2큰술, 식초 1큰술)

1. 치자는 반으로 쪼개 물에 담가 노란 물이 우러나오면 체에 거른다.
2. 당근과 연근은 2~3mm 두께로 썰고, 무는 같은 두께로 반달썰기를 해서 끓는 물에 살짝 데친다. 배춧잎은 줄기 부분을 방망이로 살살 두드려 준비하고, 고추는 꼭지를 조금 남긴 채 반으로 쪼갠다.
3. 2의 모든 재료에 마른 통밀가루를 묻혀둔다.
4. 통밀가루는 치자물로 반죽하고, 메밀부침가루와 도토리부침가루는 각각 물로 반죽한다.(가루와 물은 1:1) 반죽할 때 소금을 조금 넣어준다.
5. 팬이 달궈지면 현미유를 두르고 반죽 옷을 살짝 입혀 채소들을 부친다. 노릇하게 구워지면 양념간장에 찍어 먹거나, 담가둔 새콤달콤한 배추 장김치 국물이 있다면 매콤한 고추절임을 썰어 넣어 양념간장 대신 찍어 먹는다.(배추 장김치 만드는 법은 207쪽 참조)

> **TIP** 치자물 우리는 법
> 치자물을 우릴 때는 보통 1시간 정도 담그면 진한 노란색이 우러나는데, 시간이 없을 때는 잠깐만 담가 우려도 된다. 치자는 가까운 재래시장의 건어물 가게나 쌀가게에서 구입할 수 있다.

치자물 우리기

치자물 넣은 통밀가루 반죽 옷 입히기

무밤찜

재료
무 1/2개, 밤 10개, 말린 표고버섯 4개, 은행 10개, 대추 10개, 구기자 1줌, 다시마 조금

양념
집간장 4큰술 정도, 조청 3~4큰술, 현미유 2큰술

1. 다시마와 말린 표고버섯을 4~5컵의 물에 담갔다가 부드러워지면 건져서, 다시마는 사방 2cm 정도의 크기로 썰고, 기둥을 떼어낸 표고버섯은 어슷하게 저며 썬다. 무는 2cm 두께로 반달썰기하고, 밤은 속껍질째 준비해서 작은 것은 통째로, 큰 것은 반으로 썬다. 은행도 속껍질째 준비하고 대추와 구기자는 씻어서 준비한다.
2. 냄비에 무, 밤, 표고버섯, 다시마, 구기자를 넣고 다시마 건진 물을 부은 뒤 끓인다.
3. 무가 잘 익었을 즈음 대추, 은행을 넣고 간장, 조청, 현미유를 넣어 중불에서 졸인다. 무에 양념이 충분히 배어들어 무르게 느껴질 정도로 국물이 1컵 정도 남을 때까지 졸여주면 맛있는 찜이 된다. 거의 갈비찜과 같은 색이 될 때까지 졸여준다고 생각하면 된다.

> **TIP** 찜 요리 화력 조절하는 법
> 찜이나 조림을 할 때 제일 중요한 게 화력이다. 처음 재료를 익힐 때는 센불로 시작해서, 양념을 넣고 난 다음 맛이 고루 배도록 하려면 은근하게 졸이는 기다림의 시간이 필요하다. 양념을 넣고 나서도 처음엔 냄비 뚜껑을 덮어서 끓이지만, 자글자글 끓기 시작하면 뚜껑을 열고 국자로 국물을 골고루 끼얹어줘야 빛깔도 좋고 맛도 좋아진다. 얼마나 열심히 양념 국물을 끼얹어줬느냐에 따라 마지막 맛이 결정된다.

손쉽게 만드는 향 깊은 들풀차, 들꽃차

먹고 사는 이야기 4

한 가지 일에서 다른 일로 넘어갈 때, 잠시 휴식을 취할 수 있다면 일의 능률도 오르고 더 즐겁게 할 수 있습니다. 휴식을 취할 때 차 한 잔 마시는 것도 도움이 되지요. 예전엔 작설, 우전, 우롱, 보이, 청차 등을 즐겨 마셨는데 값도 값이려니와 그에 못지않은 소박하지만 깊은 향을 지닌 온갖 차 재료들을 알고는 요즘엔 직접 만들어 마십니다.

내가 손쉽게 만드는 향초차로는 쑥과 자소엽, 참나물이나 취나물, 더덕 잎과 초피 잎 등이 있는데, 이들은 로즈마리나 라벤더 향에 지지 않는 향을 가지고 있어 아주 좋은 차가 되어주지요. 서양 허브 식물의 향이 강한 데 비하면 우리나라의 향초 식물은 향이 있는 듯 없는 듯 은은해서 나는 더 좋더군요.

쑥잎을 다려내면 노르스름한 고운 빛에 감도는 쑥 향이 최상의 자로 여겨지요. 비 내리는 가을 날 마시는 따끈한 한 잔의 쑥차는 온 몸과 마음을 덥혀줍니다. 참나물을 말린 참나물차는 난초 향처럼 은은하면서도 입안에 한참 남아 있는 향 덕에 행복해지는 차인데, 세 번 이상 우려낼 수 없다는 것이 약간 아쉬운 점이지요. 고운 자색 빛이 감도는 자소엽차는 소박하게 즐길 수 있는 차예요. 여름에 차게 식혀서 마시면 해갈에 큰 도움을 주기도 하고 몸속의 노폐물을 씻어내는 데도 탁월합니다.

꽃차도 좋은데, 아카시는 소박한 시골 처녀 같은 향기를 전해준다면, 가시꽃이나 하얀 찔레꽃은 매혹적인 향기를 은근슬쩍 뿜어내지요. 가을에는 감국을 말렸다가 차를 만드는데, 향이 진해서 생으로 말리는 것보다는 찜솥에 넣고 뜨거운 김을 살짝 쐰 다음 말리는 것이 좋더군요. 그 외에도 방아꽃, 들깨꽃, 자소엽꽃, 인동초꽃, 감꽃, 질경이, 민들레도 이용합니다.

이런 재료들을 잘 씻은 다음 대나무 채반에 널어서 바람 잘 통하는 그늘에서 가슬가슬해지도록 말려 잘 밀봉해두었다가 우려내어 마시면 되는데, 덖음차 만들듯이 깨끗한 솥에 덖어보기도 했어요. 핵심은 찌거나 덖거나 생으로나 말릴 때는 반드시 바람 잘 통하는 그늘에서 말린다는 점입니다.

다이어트를 위해 가볍게 먹고 싶은 날

삼색전병보쌈/ 찐 채소/ 무청된장국

처녀 티가 완연해진 딸아이가 가볍고 예뻐지는 음식에 부쩍 관심을 갖는군요. "엄마, 저녁 식사는 여섯시 전에만 할래요. 기름에 튀긴 거나 기름에 구운 건 되도록 안 먹을래요. 전에는 못 느꼈는데 요즘은 기름진 음식은 속이 불편하고 맛도 없어요." "신기해요. 이젠 깔끔하고 신선한 게 더 당겨요. 빵도 우리밀로 갓 구운 게 훨씬 맛있어요."

집에서 간장과 조청, 유기농 원당과 들기름, 현미유 등으로 양념한 음식의 진짜 맛을 서서히 알아가는 딸을 보면 흐뭇하기만 합니다. 요즘 요가를 시작하더니 "밖에서 파는 아무 음식이나 먹으면 왠지 나 자신에게 죄 짓는 것 같다"며 먹을거리를 더 신중하게 고르네요. 딸이 예쁘고 날씬하기를 바라는 엄마의 마음까지 보태져 아이와 함께 건강 다이어트 밥상을 연구합니다.

각 나라의 문화에 따라 조금씩 다르게 만들지만 터키의 케밥, 인도의 짜바티, 월남의 쌈, 서양의 크레페는 같은 종류의 음식이에요. 요즘 젊은이들이 좋아하는 모습을 보니 우리나라의 구절판이나 전병보쌈이 떠오릅니다. 그래서 비타민, 무기질, 섬유질 함량이 많은 메밀가루, 도토리가루, 통밀가루로 얇게 전병을 부쳐서 과일과 채소를 넣고 겨자 장을 뿌려 쌈을 싸먹도록 만들어보았습니다.

생명, 건강, 자연을 생각하여 채식으로 상을 차리지만 색과 모양, 맛의 배합도 그에 못지않게 중요하다고 생각해요. "보기 좋은 떡이 먹기도 좋다"는 옛말이 그냥 생겨났겠어요? 도토리의 갈색, 메밀의 베이지색, 치자물의 노란색이 어우러진 삼색 전병이 더욱 먹음직스러워 보입니다. 거기에 색이 풍부한 채소들과 어우러지면서 더 멋진 상이 되었어요.

커다란 그릇에 가득 담긴 이 멋진 전병보쌈만으로도 훌륭한 다이어트 밥상이 됩니다. 그래도 혹 부족할지 모르는 다른 영양소들과의 균형을 배려해서 증기에 살짝 찐 채소와, 칼슘과 철분이 풍부한 무청된장국을 곁들입니다. 아무리 패스트푸드를 많이 먹고 자란 아이들도 우리의 대표 음식이라 할 수 있는 된장국은 잘 먹고 또 쉽게 길이 드는 것 같아요.

이렇게 상을 차려 사람들 앞에 내보면 손님 접대상으로도 손색이 없겠다고들 합니다. 전병 부치는 게 좀 일거리이긴 합니다. 그래서 서너 시간 전에 미리 구워서 수분이 달아나지 않도록 잘 덮어두면 좋아요. 전병을 얇고 쉽게 부치려면 반죽 농도가 알맞아야 합니다. 가루가 한 컵이면 물도 한 컵, 이렇게 같은 양으로 계량해서 멍울이 생기지 않도록 물을 조금씩 부어가며 잘 저어줘야 반죽이 알맞게 돼요. 처음부터 물을 너무 조금 부으면 시간이 많이 걸리니까 전체 물 양의 70~80퍼센트 정도를 처음에 붓고 젓다가, 나머지 물을 조금씩 부어가면서 반죽을 합니다.

구울 땐 팬을 달군 뒤 약불로 낮춘 다음 기름을 조금 두르고 반죽해놓은 것을 밥숟가락으로 네 숟가락을 떠놓는데, 이때 중심을 잘 잡아서 동그랗게 부어주고 숟가락으로 돌려가며 반죽을 둥글게 펴줍니다. 절대 타지 않으니까 조바심 내지 말고 천천히 하면 누구나 잘 구울 수 있어요. 포인트는 반죽의 농도와 프라이팬의 온도임을 잊지 마세요.

삼색전병보쌈

재료
통밀가루 1컵, 메밀부침가루 1컵,
도토리부침가루 1컵, 치자 5개,
양배추 잎 2~3장, 무 1/3개,
파프리카 1개, 적채 조금, 비트 아주 조금

양념
겨자소스 (겨자가루 2~3큰술, 꿀 2큰술,
식초 2큰술, 구운 소금 1큰술),
현미유 1/2컵

1. 치자는 물에 담가두었다가 노란 물이 우러나면 고운체에 밭쳐 우린 물을 준비한다.
2. 양배추, 무, 파프리카, 적채, 비트는 곱게 채 썰어 찬물에 담갔다가 건진다.
3. 가루와 물을 1:1 비율로 넣어 세 가지 가루를 각각 반죽하는데, 통밀가루는 치자물을 넣어 반죽하고, 나머지는 물을 넣고 반죽한다.
4. 프라이팬을 달군 뒤 약불로 맞춰 반죽 4숟가락을 떠서 붓고, 숟가락으로 원을 그리듯 돌려서 반죽을 둥글게 펴준다. 앞뒤가 살짝 노릇하게 익으면 담아낸다.
5. 만든 전병과 썰어놓은 채소들을 넓은 그릇에 둘러 담고 겨자소스를 곁들인다.

> **TIP** 겨자 개는 법
> 겨자소스는 아래 사진과 같이 겨자가루에 따뜻한 물 1큰술을 넣고 되직하게 개어 뜨거운 냄비 뚜껑 위에 겨자 갠 그릇을 엎어서 10분 정도 발효시킨 뒤 뜨거운 물을 부어서 5분 정도 두었다가 따라낸다. 여기에 꿀, 식초, 구운 소금을 넣으면 된다.

겨자 개기

겨자 발효시키기

찐 채소

재료
당근 1개, 브로콜리 1/2개,
단호박 1/2개, 양배추 1/4개, 비트 1개

양념
구운 소금 조금

1 준비한 재료를 적당한 크기로 썬다.
2 찜솥에 물을 붓고 물이 끓기 시작하면 썰어놓은 재료들을 넣고, 10분간 찐 후 꺼내어 소금에 찍어 먹는다.

TIP 감자, 고구마, 연근, 콜라비, 토란을 쪄도 맛있다. 이런 여러 가지 찐 채소와 소금, 참기름으로 버무린 밥 한 공기, 과일 한 개는 내가 즐겨 싸는 도시락 메뉴이기도 하다.

TIP 채소 찌는 법
'찐다'는 건 재료를 증기에 익히는 것이다. 따라서 센불이어야 강한 증기에 재빨리 익힐 수 있다. 찜솥에 물을 붓고 센불에 올려 김이 나기 시작할 때 재료를 넣는 게 중요하다.

무청된장국

재료
무청 1줌, 쌀뜨물 10컵

양념
된장 2~3큰술, 들깨가루 4큰술

1. 무청은 하룻밤 물에 담가 충분히 불린 뒤, 그 물을 그대로 넣고 삶은 다음 깨끗히 씻어 잘게 썬다.
2. 된장과 들깨가루를 넣어 조물조물 주물러 무친 후 쌀뜨물을 넣고 푹 끓인다.

> **TIP ▪ 된장국 맛있게 끓이는 법**
> 된장국은 단시간에 끓이면 결코 맛이 나지 않는다. 너무 적은 양을 끓이면 푹 끓이기가 쉽지 않아 제맛을 내기가 어렵다. 맛있게 끓이기 위해선 몇 가지 조건이 있다. 첫째, 햇볕에 말린 무청이어야 할 것. 둘째, 맛있게 발효된 된장을 써야 할 것. 셋째, 기다림을 가지고 끓여야 할 것. 여기에 오가피, 둥굴레, 황기, 표고, 다시마, 구기자 등을 넣어 곤 약초맛물(만드는 법은 55쪽 참조)로 끓이면 더욱 맛있고, 몸을 이완시켜 마치 약을 먹은 것처럼 편안해진다.

입맛 당기는 별미를 즐기고 싶은 날

장소스냉국수/ 약초맛물온국수/ 오미자효소비빔국수

어릴 땐 국수를 좋아하지 않았던 것 같은데, 나이가 들고 채식으로 식성이 바뀌면서 국수의 참맛을 알게 됐는지 지금은 아주 좋아합니다. 국수는 냉국수, 온국수, 비빔국수 등 다양한데, 모두 국수 요리라는 점에서는 같지만 맛과 용도, 특징은 다 달라요.

인도에 본부가 있는 세계적인 명상 학교 브라마쿠마리스 서울 명산센터에 갔을 때 그날 모인 BK(명상학교 학생들을 칭함. 요가 수행자라는 의미로 요기라고도 함)들을 위해 식사 봉사를 맡은 적이 있었어요. 그때 국수를 가지고 뭘 해볼 수 없을까 궁리를 했지요. 일종의 직업 의식이 발동한 거예요. 평범한 재료들을 가지고도 평범하지 않은 상을 차리고 싶어하는 습관이 불쑥 튀어 나온 겁니다. 만약 여러 종류의 국수를 한 자리에 모은다면 어떨까, 어떤 방법으로 조리하고 배열해서 상을 차리면 좋을까 고민하다가 생각해낸 것이 바로 국수 코스 요리입니다.

음식에다 고명을 한다든지 치장하는 걸 좋아하지는 않지만, 색감과 형태라든지 그릇과 조화를 이루고 싶은 마음, 상에 놓인 음식이 정갈하고 먹음직스럽게 보이면 좋겠다는 마음마저 없는 건 아니에요. 유리그릇에 담고 싶은 음식, 나무그릇에 담고 싶은 음식, 유기에 담고 싶은 음식이 달리 있거든요.

비록 평범한 국수 요리지만 나름대로 어울리는 그릇에 담아 차례로 내놓으니 아주 멋진 요리상으로 변신을 합니다. 요기가 되기 전에 즐겨 먹던 메밀국수와 잔치국수를 오랜만에 맛보는 BK들의 미소가 더 환해졌어요. 조화로운 밥상을 보노라면 기분이 충만해지고 흐뭇해집니다. 행복한 마음으로 감사하면서 즐겁게 먹는 건 정말이지 중요한 섭생 방식의 하나인 것 같아요. 음식 그 자체의 좋고 나쁨보다는 의식, 즉 음식을 대할 때의 감정과 생각과 태도가 몸과 마음에 더 크게 영향을 끼칩니다. 평화롭고 행복한 마음을 유지하는 것이 고기를 덜 먹고 지방이 쌓이지 않게 하는 것 이상으로 건강한 기운의 순환을 위해 중요해요.

"음식 재료를 만들어낸 땅과 하늘, 그것들을 돌본 농부의 마음, 그것들이 부엌에 오기까지의 경로, 음식을 만드는 사람의 파동, 먹는 사람의 의식과 태도, 이 모든 것이 온전히 살아있는 음식이 제대로 된 생명 음식이다"라는 나의 믿음은 나이를 먹어갈수록 더욱 확고해집니다. 생명이란 '숨 쉬고, 먹고 싸고, 일하며 놀고, 휴식하며 즐기는' 가운데서 피어나는 게 아닐까요?

나 역시 한때는 '이슬만 먹고도 살 수 있다면 좋겠다'는 생각을 할 만큼 삶을 힘들어하던 때가 있었습니다. 그러던 어느 날 '땅에 코 처박고 버러지처럼 살려고 온 게 아니라 아름다운 지구를 꽃 피우기 위해서 왔으니 눈부시게 푸른 하늘을 보며 웃고 춤추어야지'라는 생각이 들었어요. 그리고 그런 깨달음대로 살아가고 싶었어요. 그러자니 연소가 잘되는 가볍고 깨끗한 음식을 먹고 싶어지더군요. 약초를 넣고 끓인 국물과 약초를 발효시킨 달콤한 효소로 조리한 국수도 바로 그런 음식 가운데 하나인 거죠.

그럼 이제 우리를 미소 짓게 해줄 국수를 만들어볼까요? 그런데 이 국수 요리들을 더 맛있게 즐기려면 순서에 맞게 먹는 게 좋아요. 처음엔 차갑고 달콤한 장국수, 다음엔 속까지 따끈하게 데워줄 약초맛물온국수, 마지막으로 속을 깔끔하게 마무리해줄 오미자 효소 비빔국수를 차례로 드시는 겁니다. 행복이 멀리 있지 않다는 걸 느끼게 될 거예요.

장소스냉국수

재료
통밀국수 1줌,
배추 장김치(만드는 법은 207쪽 참조) 국물 2컵과 같은 장김치의 절임 홍고추 및 청고추 1개씩, 오이 1개,
토마토 1개, 새싹채소 조금

양념
겨자가루 1큰술

1. 메밀국수처럼 장에 적셔 먹는 국수 요리로 배추 장김치의 국물을 장소스로 사용한다.
2. 통밀국수를 삶아* 건져 아기 주먹만 하게 똬리를 튼 뒤 그릇에 담고, 채 썬 오이와 토마토, 새싹채소를 담는다.
3. 장소스는 장김치국물을 그릇에 덜어 담고, 김치와 함께 절였던 고추를 꺼내 다져서 넣은 뒤 갠 겨자(겨자 개는 법은 81쪽 참조)를 곁들여서 만든다.
4. 국수와 곁들인 채소를 장소스에 찍어 먹는다.

> **TIP* 국수 삶는 법**
> 국수를 잘 삶으려면 넉넉한 크기의 냄비를 준비해 물을 부은 뒤 물이 끓어오를 때 국수를 넣는다. 1인분의 국수 삶을 물은 국그릇으로 두 대접 정도로 가늠하면 된다. 국수를 넣고 끓어오르면 찬물을 반 컵 정도 부어준다. 끓던 물이 가라앉았다가 다시 끓어오르면 한 번 더 찬물을 반 컵 정도 부어 물을 가라앉힌다. 잠시 후 끓어오르면 재빨리 소쿠리에 건져서 찬물에 담가 비벼 씻는다. 찬물에 충분히 헹궈주면 국수가 차분해지면서 쫄깃해진다.

약초맛물온국수

1. 물 4ℓ에 약초맛물 재료들을 넣고 중불에서 30분 정도 끓여 걸러준다. 처음 끓인 물과 두 번째 끓인 물을 합해서 사용해도 된다.
2. 시금치는 데쳐서 집간장과 참기름으로 싱겁게 무친다. 애호박은 채 썰어서 구운 소금 1작은술을 넣고 10분 정도 절였다가 물기를 짜서 볶는다. 표고버섯은 채 썰고, 느타리버섯은 가늘게 찢어서 끓는 물에 데쳐놓는다.
3. 국수를 삶아 건져 그릇에 담고 준비한 고명(시금치, 호박, 버섯)을 얹어 뜨거운 약초맛물을 붓고, 참깨양념장을 곁들여서 완성한다.■■■ 김은 구워서 국수 먹기 직전에 부숴서 뿌려준다.

재료

약초맛물
황기 1뿌리, 오가피 1/2줌, 칡뿌리 잘게 자른 것 1개, 감초 3~4개, 둥굴레 1줌, 말린 표고버섯 4개, 구기자 1큰술, 다시마 사방 10cm, 대추 10개, 사과 1개, 당근 1/2개, 양배추 1/2개(그 밖에 맥문동, 산수유, 하수오, 엄개나무 줄기가 있다면 보태도 좋다)

국수
쌀국수 2줌, 약초맛물 4공기, 시금치 2줌,■ 표고버섯 4개, 느타리버섯 1줌, 애호박 1개, 김 1장

양념
참깨양념장(참깨 수북이 4큰술, 청양고추 2개, 집간장 8큰술, 참기름 1큰술),■■ 집간장 1/2큰술, 참기름 1작은술, 구운 소금 1작은술

> TIP■ 계절에 따라 미나리, 냉이, 민들레, 당귀 잎, 칡 순, 머위 순, 녹차 잎 등을 써도 좋다.

> TIP■■ 양념장을 만들 때 깨를 곱게 빻아주면 더 고소하고, 다진 청양고추를 넣으면 고춧가루를 넣는 것보다 개운한 맛이 난다. 양념장의 농도가 되직해야 깊은 맛이 난다. 고수를 잘게 썰어서 양념장에 넣어주면 향기도 좋고 속도 따뜻하게 풀어진다. 식성에 따라서 쓰면 된다.

> TIP■■■ 국수 국물이 식지 않도록 하려면 그릇에 담은 국수에 뜨거운 국물을 부어 한 차례 덥힌 다음 국물을 따라낸 뒤 다시 뜨거운 국물을 부어주는 게 좋다.

오미자효소비빔국수

재료
오색국수 1줌, 상추 4장, 오이 1/2개,
치커리 잎 4장, 파프리카 1/2개, 사과 1/2개,
청양고추 1~2개

양념
오미자 효소 1/2컵,
(오미자 효소 만드는 법은 215쪽 참조)
집간장 5큰술, 들기름 2큰술

1. 채소와 과일은 곱게 채 썰어서 준비한다.
2. 오미자 효소에 간장, 다진 청양고추, 들기름을 넣고 잘 섞는다.
3. 오색국수를 삶아 건져 준비한 채소와 함께 오미자 효소를 얹어서 완성한다.

> **TIP** 오색국수는 오미자국수, 녹차국수, 치자국수, 버섯국수, 우리밀국수를 말하는데, 색이 고와서 가끔 사용한다. 유기농 가게에서 구입할 수 있다.

> **TIP** 이 요리는 맛이 셀러드같이 개운해서 샐러드국수라고 표현해도 좋다. 후식으로 먹으면 좋다.

몸에 좋은 분식을 먹고 싶은 날

장김치김밥과 유부초밥/ 약선우동

아내보다 더 사랑하는 낙동강을 살리는 일에 모든 삶을 내어주고 집에서 함께 있는 시간의 열 배 스무 배를 천삼백 리 강줄기를 오르내리는 데 바치는 그이가 지친 걸음으로 집에 돌아와 간혹 만드는 음식이 있어요. 이제 스무 살이 다 된 딸아이가 지금도 세상에서 제일 맛있다는 음식, '아빠의 김밥'입니다.

사람들은 그를 환경 운동가로만 기억하지, 사실은 그가 음악가이며 음유 시인이란 걸 잘 몰라요. '강 따라 순례하는 것이나 노래 짓기와 음식 만들기나 사실은 같은 맥락에서 자신을 표현하는 것이구나' 하고 어느 날 깨닫게 된 것은, 아이와 아내를 위해 김밥 재료를 썰면서 그 하찮은 듯한 일에도 완전하게 몰입하는 모습을 보고 나서예요.

나도 무얼 대충 하는 편이 아니지만, 그런 내가 흉내 내지 못할 정도로 현재 자신의 생각과 일에 몰입하고 집중하는 남편의 모습은 때로 감명을 주기까지 해요. 노랫말을 지을 때, 그 노랫말에 곡을 입힐 때, 노래를 부를 때, 그리고 강의 아픔을 직접 겪고 만날 때, 새로운 요리를 궁리해서 만들 때 그 각각의 것에 집중하고 몰입하는 것이 서로 다르지 않다는 걸 알게 된 거죠.

남편은 "낙동강에서 이 김밥을 만들어줬더니 아무개가 앉은 자리에서 열여덟 개를 먹더라"며 자랑해요. 김밥 속 재료 맛을 반감시키지 않을 만큼 밥을 얇게 펴서 만들었으니 진짜 맛있을 수밖에 없지요. 그가 늘 덧붙이는 말이 있어요. "김밥을 만들 때 어떤어떤 재료가 꼭 있어야 하는 건 아니다." 그는 냉장고를 뒤져 웬만한 건 다 꺼내서 아주 잘고 네모나게 썰어요. 폭이 한 2밀리미터 정도나 될까요? 내가 김밥을 만들 때 딸아이가 곁에서 "아빠는 그것보다 더 잘게 써는데……" 하고 토를 달 정도예요. 그렇게 정성들여 준비한 재료를 고추장, 설탕, 식초, 참기름으로 밑을 내면서 볶은 뒤 김 위에 얇게 편 밥에 얹어서 말면 완성입니다.

김밥을 먹을 때 생각나는 메뉴 중 하나가 우동이에요. 그래서 약초와 채소로 끓인 약선우동을 만들게 되었지요. 황기, 둥굴레, 대추, 다시마, 사과, 버섯 등이 깊게 우러난 국물에 집간장과 약간의 조청으로 맛을 더해준 우동입니다.

오랜 세월 요리 선생으로 살아온 나로서는 채소만으로 음식을 만들기 시작하면서 수많은 맛의 기억 회로를 더듬어 육류와 생선, 가공품을 쓰지 않고도 그 맛을 찾아내려고 애씁니다. "맛이 없어도 먹어라"가 아니라, 정말 맛있게, 부족함 없이 먹기를 바라는 거지요. 그러기 위해 첫째로 치는 조리 원칙이 "간장, 된장, 조청, 식초, 참기름, 들기름으로 맛을 낸다"는 거예요. 집간장에 조청 한 숟가락을 얹어 일식 냄비우동에서 나는 왜간장의 달착지근한 맛을 찾아내려 노력하는 것도 그런 이유 때문이에요.

이제 집에서 만든 깨끗하고 건강한 김밥과 우동으로 안심 분식 센터를 만들어보세요.

장김치김밥

1. 시금치는 데쳐서 쫑쫑 썰고, 김을 제외한 나머지 재료들도 잘게 썬다.
2. 프라이팬에 현미유를 넣고 1을 넣어 볶으면서 간장, 고추장, 원당, 식초를 넣어 물기가 없어질 때까지 졸여준다.
3. 소금과 깨소금, 참기름을 넣어 밥을 버무린다.■
4. 버무린 밥을 김 위에 얇게 펴 바른 뒤 졸여놓은 속을 넣어 만다.

유부초밥

1. 냄비에 손질한 유부와 양념장을 넣어 졸인다.■■
2. 당근, 우엉, 깻잎을 잘게 다져 현미유에 볶다가 양념장에 졸인다.■■■
3. 2에다 밥을 부어 골고루 섞은 후 졸여놓은 유부에 넣는다.

재료 및 양념

장김치김밥

밥 2공기, 김 2장, 시금치 2줄기, 단호박 1/10개, 우엉 1/5개, 당근 1/5개, 유부 1장, 배추 장김치 잎 1장(배추 장김치 만드는 법은 207쪽 참조), 깻잎 2장, 집간장 1/2큰술, 고추장 1/2큰술, 식초 1큰술, 현미유 1큰술, 원당 1/2큰술, 참기름 1/2큰술, 소금 1작은술, 통깨 1/2큰술

유부초밥

유부 4장, 밥 2공기, 우엉 1/4개, 당근 1/5개, 깻잎 2장, 집간장 2큰술, 원당 2큰술, 식초 1큰술, 현미유 1/2큰술

TIP■ 밥은 잡곡밥을 지어 뜨거울 때 소금, 깨소금, 참기름을 넣어 버무린다.

TIP■■ 유부는 반으로 잘라 끓는 물에 데쳐 기름기를 빼서 손질한다. 이때 찻잎이나 약초가루를 넣어 데치면 깔끔해진다. 양념장은 집간장 1큰술, 원당 1큰술, 식초 1큰술을 넣어 만든다.

TIP■■■ 양념장은 집간장 2큰술, 원당 2큰술, 식초 1큰술을 넣어 만든다.

약선우동

재료
약초맛물 6공기
(약초맛물 만드는 법은 88쪽 참조),
우동 사리 3개, 애호박 1/2개,
표고버섯 4개, 양송이버섯 6개, 풋고추 2개,
유부 4장, 쑥갓 1줌

양념
집간장 4큰술, 조청 1큰술,
현미유 1큰술, 구운 소금

1. 유부는 반으로 썰어 끓는 물에 데쳐서 헹군다.
2. 애호박은 둥글게 썰고, 풋고추는 1/2토막 내고, 표고버섯과 양송이버섯은 큼직하게 썬다.
3. 냄비에 유부와 버섯, 호박을 넣고 집간장, 소청, 현미유를 넣어 1분 정도 졸이다가 약초맛물을 넣고 끓인다.
4. 다 끓으면 거품을 걷어낸 뒤 우동과 고추를 넣어서 더 끓인다.
5. 소금 간을 맨 마지막에 하고, 우동사리가 부드러워지면 그릇에 담고 그 위에 쑥갓을 띄운다.

TIP 우동 대신 유기농 가게에서 파는 생면이나 칼국수, 콩국수를 이용해도 좋다.

무 한 개, 연근 한 개, 당근 한 개, 고추 몇 개, 배춧잎 여남은 장, 수업에 내놓는 재료가 고작 이러니 실망감이 감춰지지 않는 표정들입니다.
그러나 수업 마지막엔 누구나 "채소만으로 이렇게 풍성할 수 있구나" 하고 놀라게 됩니다.

아이와 함께 건강 밥상을 차리고 싶은 날

토마토소스덮밥/ 콩채소수프/ 유자청드레싱샐러드

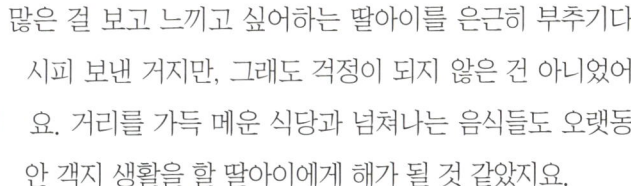

어릴 때부터 그림 그리기를 좋아하는 딸아이가 아티스트의 꿈을 안고 당시 부산에 살던 내 품을 떠나 혼자 서울로 갈 때였어요. 많은 걸 보고 느끼고 싶어하는 딸아이를 은근히 부추기다시피 보낸 거지만, 그래도 걱정이 되지 않은 건 아니었어요. 거리를 가득 메운 식당과 넘쳐나는 음식들도 오랫동안 객지 생활을 할 딸아이에게 해가 될 것 같았지요.

자주 사 머을 만큼 생활비나 용돈이 넉넉지도 않고 아르바이트해서 번 돈으로 몇천 원씩 하는 음식을 사 먹기도 힘들 테니, 예전 엄마 품을 떠나 서울에서 학교 다니느라 굶기를 밥 먹듯 하던 나처럼 건강이 부실해질까봐 염려도 됐습니다. 그러는 한편으로 어릴 때부터 가공 식품을 많이 먹지 않아 어쩌다 맛에 이끌려 입에 대고 나면 "속이 편치 않다고 몸이 먼저 말해주더라"고 하는 아이이니 잘 지낼 거라 싶기도 했지요.

"엄마, 서울에 오면 채소랑 과일이랑 사주고 가야 돼. 꼭 약속해." 하도 여러 번 다짐을 받기에 "그래, 잘 알겠는데 왜 그렇게 당부하니? 네가 사도 되잖아" 하자, 얼굴이 발개지면서 "유기농 채소들은 비싸잖이" 하는 거에요. "아하, 알겠어."

엄마 품을 떠나가면서 어느새 자신의 건강을 챙기는 아이가 대견하기도 하고 미덥기도 합니다. 아이의 생각으로는 건강을 잃지 않으려면 채소와 과일만이라도 제대로 된 걸 먹어야겠다 싶었나봐요. 떡볶이니 스파게티니 볶음밥 같은 간단한 요리는 제법 맛있게 잘 만드는 아이라 이후 유기농 채소를 듬뿍 사들고 딸아이에게 가 평소에 좋아하는 토마토소스덮밥과 과일샐러드 요리법을 가르쳐주었어요. 간단하면서도 영양 많은 음식이니 혼자 살면서도 잘 해먹을 수 있기를 바라는 마음에서죠. 딸에게 주었던 조리법을 살짝 알려드릴게요.

"밥은 되도록이면 흰 쌀밥보다는 잡곡을 섞는 게 좋다는 건 잘 알고 있지? 잡곡밥에는 배아, 비타민 B군, 무기질, 섬유질이 흰밥보다 많아서 소화를 돕고, 장 활동을 활발하게 해서 배변에 도움을 줘. 게다가 건강 미인의 기초를 만들어주지. 검정콩을 섞으면 단백질을 보충해주고 밥맛도 더 고소해져. 감자, 양배추, 토마토, 브로콜리, 양송이버섯 정도는 늘 준비해두렴. 양질의 알칼리성 식품이라 피부를 곱게 하고 뼈도 튼튼하게 해주니까."

콩채소수프는 비오고 습기찬 날, 감기 기운이 있을 때, 마음이 우울할 때 기운나게 해주는 수프입니다. 생강향 감도는 뜨거운 이 수프를 한 그릇 먹고 나면 몸 저 깊은 곳에서부터 뜨끈한 기운이 올라와 땀이 날 정도예요. 딸아이는 수프를 만들자마자 먹는 것도 좋지만, 먹고 남은 수프를 다음 날 한 번 더 푹 끓여 먹는 걸 더 좋아해요. 사실 수프나 국 등의 국물 요리는 푹 끓여서 재료들이 화합되어야 깊은 맛이 나고 몸과도 하나되는 느낌이 듭니다. 넉넉하게 끓였다가 남은 수프를 다음날 한번 더 맛보세요. 우리 아이처럼 그 맛을 더 좋아하게 될지도 몰라요.

토마토소스덮밥

재료

밥 4공기, 토마토 10개, 감자 1/2개, 양배추 2장, 양송이버섯 5개, 브로콜리 1/6개, 파프리카 1/2개, 단호박 1/5개, 감자가루 3큰술, 청양고추 1개

양념

현미유 1큰술, 조청 2큰술, 집간장 2~3큰술

1. 토마토를 강판이나 분쇄기에 갈아서 유리 냄비나 법랑 냄비에 넣고 졸여 농축액▪을 만든다.▪▪
2. 토마토 농축액에 조청과 간장으로 간을 맞춰 토마토소스를 만든다.
3. 감자, 양배추, 양송이버섯, 파프리카는 잘게 썰어두고, 브로콜리는 잘게 쪼개서 색감이 살아나게 끓는 물에 살짝 데쳐둔다. 단호박은 모양대로 썰고, 청양고추는 다진다.
4. 프라이팬에 현미유를 두르고 3의 재료들을 넣고 볶다가 토마토소스와 물 1/2컵을 붓고 뚜껑을 덮은 뒤 감자가 익을 때까지 끓인다.
5. 감자가 다 익으면 감자가루를 같은 양의 물에 풀어 넣고 한소끔 끓인다.

> **TIP ▪** 토마토 농축액 만드는 법은 70쪽 참조

> **TIP ▪▪ 토마토 농축액 병조림하는 법**
> 토마토 농축액을 만들어서 냉장고에 두고 먹으면 편하다. 도미도기 많이 나는 계절에 만들어서 병조림해 두면 오래 저장할 수 있다. 끓는 물에 열탕 소독을 한 유리병에 토마토 농축액을 담아서 뚜껑을 닫고 냄비 바닥에 엎은 뒤 물을 붓고 다시 한 번 5분 정도 끓여주면 진공 소독이 되어 1년 이상 실온 저장이 가능하다. 토마토 농축액을 만들 수 없을 땐 유기농 가게에서 판매하는 퓌레나 케첩을 대신 이용할 수 있다.

콩채소수프

재료
토마토 3~4개, 감자 1개, 양송이버섯 6개, 양배추 잎 3~4장, 밤콩이나 강낭콩 1줌, 녹두 1줌, ■ 생강 저민 것 1조각

양념
구운 소금 1큰술

1. 토마토는 굵게 깍뚝썰고, 감자는 잘게 깍뚝썰고, 양송이버섯은 얇게 썰고, 양배추는 채 썬다.
2. 콩은 3~4시간 불린 다음 잠길 정도로 물 1컵을 부어서 15분 정도 물러질 때까지 삶는다.
3. 냄비에 삶은 콩과 손질한 채소, 물 8컵을 넣고 푹 끓인 후에 생강을 넣어 한 번 더 끓인다. 생강은 너무 오래 끓이면 쓴맛이 우러날 수 있으므로 다 끓이고 난 뒤 불 끄기 3분 전 즈음에 넣는다.■■
4. 소금으로 간을 맞춘다.

TIP ■ 콩은 종류별로 넣지 않아도 되고, 집에 있는 콩을 활용해도 된다. 녹두를 좀 많다 싶게 넣어서 묽은 죽처럼 먹어도 좋다. 양배추 대신 배추나 브로콜리를 써도 좋고, 콩나물을 넣으면 시원한 맛을 즐길 수 있다. 별로 하는 일 없이 재료를 배합하여 정성들여 끓이기만 해도 몸살기가 가실 만큼 훌륭한 수프가 된다. 감기 기운이 돌 땐 청양고추를 조금 넣어주면 효과가 더 좋다. 많이 끓여서 남으면 밥을 넣어 죽으로 쑤어 먹어도 좋은 식사가 된다.

TIP ■■ 수프나 국 등의 국물 요리는 몸을 따뜻하게 덥혀주고 이완시켜 편히 쉴 수 있도록 도와주는 음식이다. 충분히 끓이지 않으면 재료의 성질이 각각 살아서 화합이 되지 않기 때문에 몸속으로 스며드는 에너지가 약해진다. 푹 끓여서 화합이 되어야 깊은 맛이 나고 몸과 하나되는 느낌이 든다.

유자청드레싱샐러드

재료
토마토 2개, 밀감 2개,
사과 1/2개, 호두 2개, 양상추 조금,
새싹채소 조금

양념
유자청 2큰술, 식초 1~2큰술,
구운 소금 2작은술,
올리브유나 들기름 1큰술

1. 과일과 채소는 손질해서 먹기 좋은 크기로 썰어 그릇에 담고 그 위에 다진 호두를 뿌려준다.
2. 유자청에 식초와 구운 소금, 올리브유를 넣고 잘 저어서 샐러드 재료 위에 뿌려준다.

> TIP* 샐러드 재료는 신선한 과일과 채소 무엇이든 이용할 수 있다.

> TIP** 유자청드레싱은 샐러드에 자주 쓰는 드레싱이다. 변화를 주기 위해 때로는 소금 대신 간장과 통깨를 뿌려서 오리엔탈드레싱의 느낌을 주기도 하고, 깨끗한 향을 맛보고 싶거나 다이어트 효과를 내고 싶을 때는 기름을 첨가하지 않을 수도 있다. 다진 고추를 조금 넣어주면 더 깔끔한 맛을 즐길 수 있다. 먹을 때마다 즉석에서 만드는 게 신선하다. 냉장고에 두더라도 2~3일을 넘기지 않도록 한다.

집에서 외식 기분을 내고 싶은 날

누룽지고구마피자/ 크림소스감자도리아/ 오리엔탈드레싱샐러드

"피자는 안 먹을래. 돈이 아까워. 엄마도 안 먹는데 나 혼자 먹으려면 맛도 없고 늘 남게 되니까." 채식주의자인 엄마와는 외식하는 즐거움을 잃은 지 오래이고, 채식을 하지 않는 아빠와 딸이 오붓하게 외식을 즐길 수 있는 건 일 년에 한두 차례예요. 이런 상황이 아이에게 여럿이 어울려 먹는 두레상이 얼마나 음식 맛도 돋우고 분위기도 더해주는지 일찌감치 터득하게 한 것 같아요. 혼자서 먹는 밥상을 무척 싫어하거든요.

그런 딸이 안쓰러운지 아빠가 모처럼 집에 올 때면 아이와 자신의 입맛을 고려해서 손수 장을 보고 정성을 쏟아 음식을 만들어요. 개성 있는 특별한 김밥부터 잔치국수, 비빔국수, 돼지고기를 넣은 김치찌개, 온갖 재료로 버무린 부침개 등등 정확한 배합과 예술적인 조화에 섬세한 배려를 담은 음식들입니다.

아빠가 정성스럽게 만든 음식의 맛은 아이에게 부족한 가족애를 채워주기에 충분합니다. 다 자란 아이는 지금도 아빠가 만들어준 음식이 제일 맛있다고 해요. 성격과 기호, 체질이 비슷한 그들은 말 없이도 서로를 잘 이해하죠. 때론 소외감도 느껴지고 서운할 때도 있지만, 그럴게라도 아빠의 정을 느끼게 하니 다행이고 감사한 일이지요.

아빠가 만든 김밥이며 김치찌개, 부침개가 세상에서 제일 맛있다는 아이의 입맛에 맞추기도 할 겸, 청소년기 아이들이면 누구나 가지고 있을 외식이나 패스트푸드에 대한 자연스런 욕구를 채워주기

도 할 겸 집에서라도 외식 분위기를 내보려고 만든 게 이 피자와 도리아예요. 찬밥으로 만든 누룽지를 받침으로 삼고 토핑으로 고구마, 버섯 등을 얹어 구운 피자와 감자, 브로콜리, 양송이를 넣은 크림소스도리아는 만드는 방법만큼 맛도 특별합니다.

부드럽고 고소한 맛의 크림소스를 끼얹어 오븐에 그릇째 구운 스파게티도 맛있지만, 우리 가족은 특히 치즈 없은 통감자 구이 같은 뜨거운 감자 요리를 좋아해요. 그래서 창조해낸 게 큼직한 감자와 통째 넣은 양송이 그리고 무기질과 비타민이 가득한 브루콜리에 고소한 크림소스를 끼얹어 구운 도리아인데, 아빠가 없을 때는 뜨거운 팬 그대로 상에 놓고 딸아이와 둘이 앉은 자리에서 다 먹습니다. 아이에겐 모짜렐라치즈를 듬뿍 얹어주고, 채식주의자 엄마를 위해선 크림치즈를 듬뿍 얹어요. 거기에 상큼하게 먹을 수 있는 샐러드까지 곁들이면 화려한 레스토랑 부럽지 않습니다.

피자라면 주욱죽 늘어지는 모짜렐라치즈 맛을 외면하기 어렵지만, 쫄깃한 맛을 내기 위해 소의 내장에서 추출한 렌넷이라는 첨가물을 넣은 모짜렐라치즈보다는 담백한 맛의 크림치즈나 퀘소블랑코치즈를 사용하는 게 좋아요.

누룽지고구마피자

재료
고구마 2~3개, 양송이버섯 5개,
브로콜리 2개, 파프리카 1/2개,
배추김치 2장, 잡곡밥 1.5공기,
모짜렐라치즈 150g

양념
토마토소스 수북이 6큰술,
(토마토소스 만드는 법은 70쪽 참조)
구운 소금 1작은술

1. 밥에 구운 소금을 넣고 둥글게 주먹밥처럼 빚는다.
2. 팬에 주먹밥을 펼쳐 동그랗게나 네모나게 원하는 모양으로 누룽지를 만든다. 피자를 구울 그릇 크기를 생각해서 알맞은 모양으로 만든다. 약한 불로 서서히 구워줘야 노릇하고 파삭하게 구워진다.∎
3. 고구마는 쪄서 뜨거울 때 으깨두고 다른 재료들은 사방 1cm 정도로 썰어둔다.
4. 김치를 쫑쫑 썰어서 토마토소스에 넣고 졸여서 토핑소스를 만든다.
5. 피자를 구울 그릇에 누룽지를 얹고 버섯, 파프리카, 브로콜리, 으깬 고구마를 올린다.
6. 4의 토핑소스를 얹고 치즈를 뿌린 뒤 예열한 오븐에 넣어 치즈가 노릇해질 때까지 굽는다.∎∎

> **TIP ∎ 누룽지 만드는 법**
> 누룽지를 잘 만들려면 팬 뚜껑을 덮지 않아야 한다. 시간이 걸리더라도 약불에서 구워야 전체적으로 노릇하게 구워진다. 다 구워지면 뒤집개를 넣었을 때 팬에서 저절로 탁 떨어진다. 간식용 피자를 만들 때는 얇게 굽고, 식사용 피자를 만들 때는 파삭한 질감이 덜해도 좀 도톰하게 구워주는 게 좋다.

> **TIP ∎∎** 오븐 온도는 200도 정도가 적당하다. 오븐이 없을 땐 프라이팬에 올린 뒤 뚜껑을 덮고 약불로 구워도 된다.

누룽지 만들기

크림소스감자도리아

재료

감자 4개, 양송이버섯 10개,
브로콜리 1/2개, 통밀가루 수북이 4큰술
모짜렐라치즈 150g

양념

현미유 2큰술, 채소 삶은 물 1컵,
구운 소금 1/2큰술, 생크림 1/2컵

1. 감자는 큼직하게 썰고, 양송이버섯은 통째로 준비한다. 브로콜리는 줄기와 송이를 분리하여 줄기는 얇게 썰고, 송이는 큼직하게 썬다.
2. 끓는 물에 감자를 먼저 넣고 익힌 다음 양송이와 브로콜리 순서대로 데쳐놓는다. 이 물은 버리지 않고 크림소스를 만들 때 쓴다.
3. 달군 프라이팬에 현미유를 넣고 통밀가루를 넣어 볶는다.
4. 3에 감자 삶은 물(완전히 식혀서 사용해야 한다)을 조금씩 부어 멍울이 생기지 않도록 나무 주걱으로 잘 저어준다. 멍울 없이 크림 상태가 되었을 때 구운 소금과 생크림을 넣어 한소끔 끓으면 크림소스가 완성된다.■
5. 익힌 감자, 양송이버섯, 브로콜리를 그릇에 담고 크림소스를 끼얹은 다음 치즈를 뿌려서 200도로 예열한 오븐에 넣고 10분 정도 굽는다.■■

TIP■ 크림소스 만드는 법
이 크림소스로 크림수프를 만들 수도 있고, 크림스파게티도 만들 수 있다. 크림소스를 만들 때 흔히 버터를 사용하는데 현미유로 대신하는 게 더 신선하다. 무기질과 비타민이 많은 통밀가루가 일반 백밀가루보다 더 구수한 맛을 낸다. 크림소스를 만들 때 주의할 점은 불을 높이지 않는다는 것과 충분하게 볶는다는 것이다. 태우지 않도록 조심해야 하고 덜 볶아서 밀가루 냄새가 나지 않도록 하는 게 중요하다.

TIP■■ 오븐이 없을 땐 팬에 뚜껑을 덮어서 치즈가 녹을 때까지 구우면 된다.

오리엔탈드레싱샐러드

재료
상추, 비타민, 치커리, 파프리카, 청경채, 배추 어린 잎 등 적당한 양

양념
오리엔탈드레싱(집간장 2~3큰술, 식초 2~3큰술, 들기름 2큰술, 꿀 1큰술, 참깨 조금)

1. 간장과 식초, 들기름, 꿀에 깨를 조금 넣고 잘 섞어 오리엔탈드레싱을 만든다.
2. 생으로 먹을 수 있는 채소들을 깨끗이 씻어 담고, 오리엔탈드레싱을 뿌려준다.

> **TIP** 오리엔탈드레싱을 만들 때 들기름 대신 참기름이나 고추기름을 사용하기도 하고, 꿀 대신 매실 효소나 오미자 효소, 산야초 효소를 사용하기도 한다.

> **TIP** 샐러드의 채소는 신선하고 깨끗하며, 아삭거리는 맛이 살아있어야 한다. 그래서 씻어서 아주 차가운 냉수에 담갔다가 건져서 물기를 마른 행주로 잘 닦아주면 좋다. 물에 너무 오랫동안 담그면 채소 맛과 성분이 빠져나가니 2~3분 안에 건지는 게 좋다.

몸과 마음이 편안한
일곱 죽상

죽은 천천히 저어가며 정성을 들여 쑤어야 그 생명 에너지가 살아나니 슬로푸드의 대명사라 할 수 있죠. 원기를 잃었을 때, 아플 때, 피로할 때, 소화가 안 될 때, 아침에 입맛이 없을 때도 죽이 좋고, 특히 아기와 노인, 수험생에게 알맞은 음식이에요.

몸을 살리는 대표적인 슬로푸드, 죽

"힘들고 피곤하고 우울할 때는 집으로 돌아와 샤워를 하고 깨끗한 옷으로 갈아입습니다. 그러고 나서 마음을 고요히 한 뒤 사랑을 담아 아주 천천히 따뜻한 음식을 만듭니다. 마치 신에게 바치듯이요. 그렇게 신선한 파동이 가득한 음식을 음미하며 먹고, 잠시 휴식을 취한 뒤 깊은 잠을 잡니다. 이렇게 먹고 쉬고 자는 동안 영혼이 평화와 사랑, 명료함을 되찾으면서 에너지가 충만해집니다. 자연스럽게 일의 성공도 불러옵니다."

연극 제작자이면서 배우이기도 하고 인질 협상 전문가로도 활동하며 재난당한 사람들이 마음의 평정을 되찾을 수 있도록 돕는 리 제임스라는 호주 요기가 들려준 이야기입니다. 자기 자신에게 사랑과 존경을 담아 바치는 공양! 얼마나 아름다운가요? 음식 만들기란 오직 누구에게 주기 위한 봉사라고만 여겨온 나에겐 참으로 신선한 이야기였습니다.

여러 해 전 여름, 이십여 명의 사람들과 인도 북부 라다크를 돌아 라자스탄 아부산의 라자요가 본부로 순례 여행 갔을 때예요. 험한 산맥을 넘는 동안 순례자들은 고산병으로 드러누웠고, 음식도 입에 맞지 않아 힘들어했어요. 그래서 아부의 기얀사로바 교정(브라마쿠마리스 학교 캠퍼스 중의 하나로 '지식의 호수'라는 뜻이다)에 들어서자마자 부엌으로 달려갔습니다. 삼천 명이 먹을 수 있는 음식을 동시에 조리할 수 있는 태양열 조리 기구를 갖춘 크고 아름다운 부엌이더군요.

고산병과 여독에 시달리는 사람들을 위해 우리나라 쌀과 가장 비슷하게 생긴, 알이 통통하고 투명하며 기름지게 생긴 쌀을 골라 흰죽을 쑤었습니다. 구수하고 달큼한 흰죽을 큰 냄비에 담아가니 아프지 않은 사람들까지 달려들어 다들 한 그릇씩 먹고 기운을 차렸지요.

죽은 천천히 저어가며 정성을 들여 쑤어야 그 생명 에너지가 살아나니 슬로푸드의 대명사라 할 수 있죠.

옛날에 허준 선생이 중국에 가는 사절단을 수행하면서 한 달여 동안 내내 아침 죽을 쑤어 먹였다는 얘기를 읽은 적이 있어요. "조반 흰죽은 만병을 없앤다"고 하더군요. 원기를 잃었을 때, 아플 때, 피로할 때, 소화가 안 될 때, 아침에 입맛이 없을 때도 죽이 좋고, 특히 아기와 노인, 수험생에게 알맞은 음식이에요.

죽을 맛있게 쑤려면 먼저 재료가 신선해야 합니다. 농약이나 화학 비료로 키운 곡물은 쓰지 않아야 해요. 자칫 부족하기 쉬운 영양의 균형도 생각해야 하고요. 재료를 깨끗이 씻어 물에 잘 불려야 해요. 쌀뜨물을 받아두었다 쓰면 더 고소한 죽이 됩니다. 중요한 것은 불린 쌀을 믹서가 아닌 자기나 돌 절구에 빻아야 한다는 거예요. 믹서로 분쇄하면 재료 속에 스며들어간 공기 때문에 죽의 차진 느낌이 사라지고 탄력이 없어져요. 씹는 질감도 느낄 수 없고요. 그만큼 생명 기운도 떨어집니다.

한 가지 더 조심해야 할 것은 죽물이 끓어 넘치지 않도록 하는 거예요. 그러려면 나무 주걱으로 잘 저어야 해요. 특히 처음에 잘 저어야 냄비 바닥에 눋지 않아요. 그렇다고 죽을 쑤는 데 시간이 많이 걸리냐면 그렇지 않아요. 서너 식구 먹을 양이면 불린 쌀로 쑬 경우 이십 분이면 충분합니다. 시간과 정성을 들인 만큼 생명 에너지가 가득 담기니 결코 아깝지 않은 시간이지요.

일상에서 구하기 쉬운 재료로 쑨, 영양도 좋고 맛도 좋은 일곱 가지 죽상을 준비했어요. 죽에 곁들여 먹으면 좋을 상큼한 샐러드나 간단한 반찬 두어 가지도 함께 상에 올렸습니다.

위와 장을 편안하게 어루만져주고 싶은 날

참마죽/ 무나물/ 겨자채/ 참마샐러드

음식을 준비할 때는 늘 이 음식을 먹을 사람의 모습이 자연스레 떠올라요. 그 사람의 몸, 마음 상태, 기호, 그에게 필요한 영양소나 에너지 등이 머리에 스칩니다. 그런 생각이 스치면서 음식 재료를 무엇으로 할지, 식단을 어떻게 구성할지 아이디어가 떠오릅니다.

음식 재료에는 생것도 있고 말린 것도 있는데, 서로 어떤 차이가 나고 언제 어떻게 쓰는 게 좋은지 묻는 이들이 많아요. 늙은 호박을 말려서 찐 떡과 생호박으로 찐 떡은 맛과 향에서 차이가 나잖아요? 다른 음식들도 딱 그만큼 차이가 납니다. 생것으로 만든 음식은 신선하고 아삭해서 감촉은 좋지만 감칠맛이나 향기는 말린 것에 비해 떨어져요.

똑같이 말린 것이라도 말리는 방식에 따라 큰 차이가 나기도 합니다. 대량 생산하기 위해 열풍이나 증기, 냉동 동결로 건조한 것은 햇볕과 바람에 말린 것에 비해 향과 맛, 색, 에너지가 많이 떨어져요. 자연에 말린 게 아니라면 차라리 생것을 쓰는 게 더 나을 수도 있어요.

위와 장의 기운을 북돋는 마 또는 참마로 죽을 쑬 때에도 햇볕에 말린 마를 가루로 내어 넣으면 고소하고 흡수도 잘 되지만, 상큼하고 깨끗한 맛은 참마를 강판에 갈아서 넣은 것이 더 나아요. 먹을 사람에게 말린 것이 좋을지 생것이 좋을지 생각해보고 선택하면 됩니다.

생마를 말릴 때는 볕이 잘 드는 창가나 베란다에서 말리면 잘 마릅니다. 바람이 통하면 더욱 좋아요. 되도록 얇게 썰고, 처음 펼칠 때 겹치지 않게 펼친다는 것만 주의하면 됩니다. 시간이 좀 걸리더라도 처음에 그렇게 신경을 써주세요. 반나절쯤 지나 꾸덕꾸덕 마른 다음에는 살짝 겹쳐 널어도 괜찮아요.

얇게 썬 재료를 한 장 한 장 펴서 말리는 작업이 지루하게 느껴질 수도 있습니다. 나는 그럴 때면 스스로에게 "숨 쉬기도 지루하더냐?" 하고 묻곤 했어요. 아무리 지루한 일도 시간은 흐르게 마련이고, 시간이 지나면 변화합니다. 이것이 자연의 법칙이에요.

얇게 썬 마를 한 장 한 장 펼치며 그 순간 순간에 몰입하다보면 작은 일을 하면서도 큰일을 하고 있다는 느낌이 들어요. 가장 작은 일에 세상 전부가 들어 있는 거지요. 그래서 나는 바느질하기, 잡초 뽑기, 돌멩이 줍기, 필사하기, 재료를 잘게 썰기, 썬 재료를 한 장 한 장 펼치기가 숨 쉬는 일과 똑같다고 생각하게 되었어요.

그럼에도 "바쁘다 바빠!" 하며 정신없이 하루를 허둥지둥 보내게 되는 날이 있지요? 그러다 보면 심신이 지치고, 스트레스가 쌓여 살짝 술 생각이 나는 분도 있을 겁니다. 가볍게 한잔 걸치려던 술자리가 자신도 모르게 길어져서 몸도 지치고 위장도 편치 않은 날도 있을 테고요. 그런 날이면 뽀얗게 빻은 쌀로 죽을 끓여 죽이 어우러질 때쯤 생으로 간 참마를 넣어서 드셔보세요. 시원한 맛이 속을 아주 편하게 해줍니다. 마를 그대로 썰어서 양념장을 곁들여도 아삭하고 시원한 감촉이 기분을 상쾌하게 해주지요.

죽상에 어울리는 반찬이 고민된다면 매콤하고 개운한 겨자 무침과 고소한 들깨나물을 권해봅니다. 그리고 집간장에 현미식초와 잘게 썬 고수를 넣은 양념장으로 버무린 새콤하고 향긋한 참마 샐러드를 곁들이면 축 처져 있던 위장이 바로 생기를 되찾습니다.

참마죽

재료
불린 쌀 2컵, 참마 1개,■ 김 1장, 쌀뜨물 10컵

양념
구운 소금 1큰술

1 불린 쌀을 도기 절구에 넣고 나무 방망이로 빻는다.
2 마를 강판에 갈아둔다.■■
3 빻은 쌀에 쌀뜨물을 붓고 눋지 않도록 나무 주걱으로 저으면서 끓인다.
4 죽이 어우러질 때쯤 갈아놓은 마를 넣는다.
5 소금으로 간하여 그릇에 담고 김을 구워 부숴서 뿌려준다.

> **TIP ■** 마는 여러 가지 효능이 있어 지속적으로 먹으면 좋다. 위벽을 보호하고 장 기능을 강화시켜주는 것 외에도 흡연으로 목이 답답할 때나 술 마시고 속이 불편할 때도 먹으면 효과가 좋다. 생마를 갈아서 먹거나 죽, 샐러드 등 다양하게 먹을 수 있다.

> **TIP ■■** 환자가 아니라면 마를 굳이 갈아넣지 않고 채 썰어 넣어도 씹히는 질감 덕에 더 맛있게 느껴진다. 생마가 없을 땐 말린 마 가루를 넣어도 좋다. 상큼한 맛은 덜해도 더 구수한 맛이 난다. 마 가루는 집에서 말려서 준비하거나 유기농 가게에서 구입할 수 있다.

불린 쌀 찧기

무나물

재료
무 1/2개

양념
들깨가루 수북이 2~3큰술, 구운 소금 1/2큰술

1 무를 5~6cm 정도의 길이로 굵게 채 썬다.
2 냄비에 물 1/2컵을 붓고 채 썬 무와 구운 소금, 들깨가루를 넣어 푹 끓인다. 처음엔 센불에서 시작해 끓기 시작하면 중불로 낮춰 끓인다.
3 뽀얀 물이 나돌기 시작하고 무가 나른해지면 뜸을 들여 완성한다.

> **TIP** 무로 다양한 요리 만드는 법
> 무나물 대신 뭇국을 끓여도 맛있다. 가을무라면 그 시원하고 달큰한 맛이 속을 풀어주는 느낌이 든다. 뭇국을 끓일 때는 무를 곱게 채 썰어 들기름으로 잠시 볶다가 물을 넉넉히 부어 끓이면 맑고 시원한 뭇국이 된다. 또 무와 버섯을 넣고 무밥을 만들어 양념장에 비벼 먹어도 맛있고, 팥시루떡에 무를 넣어 쪄도 별미가 된다.

겨자채

재료
무 1/6개, 미나리 3줄기, 배 1/2개,
밤 4~5개, 대추 5~6개, 숙주 1줌, 잣 1큰술

양념
겨자가루 1큰술, 꿀 2큰술, 식초 2~3큰술,
구운 소금 2작은술

1. 무, 배, 밤, 대추는 채 썰어두고, 미나리는 숙주 길이로 썰어 숙주와 함께 살짝 데쳐둔다.
2. 겨자가루에 따끈한 물 1큰술을 넣고 흘러내리지 않을 정도로 되직하게 개어 김 오른 냄비 뚜껑 위에 10분 정도 엎어두었다가, 꿀, 식초, 소금으로 간하여 달콤새콤한 겨자소스를 만든다. (81쪽 사진 참조)
3. 잣은 밑에 창호지를 깔고 칼로 곱게 다진다. (147쪽 사진 참조)
4. 1에 잣가루를 뿌리고 겨자소스를 넣어 가볍게 버무린다.

TIP 겨자채는 매운 잡채라고 하여 우리나라 궁중 요리 중의 하나인데, 서양 요리의 샐러드에 비할 수 있는 생채 요리로 고급스러운 맛이 있다.

참마샐러드

재료
참마 1개, 고수 2줄기

양념
집간장 2큰술, 식초 2큰술

1 마를 얇게 썰고 그 위에 다진 고수를 뿌린다.
2 간장과 식초를 섞어 만든 양념장을 1에 자작하게 끼얹는다.

> **TIP* 마 손질하는 법**
> 마를 손질할 때는 미끈거리는 성분 때문에 조심스럽게 해야 한다. 썬 다음에 엷은 소금물에 담갔다가 건지면 미끈거리는 게 덜하고, 먹을 때 더 아삭한 맛을 즐길 수 있다.

> **TIP** 마 대신에 생감자나 연근을 얇게 썰어서 찬물에 담갔다가 건진 다음 이렇게 양념해도 아삭하고 시원한 맛이 아주 좋다.

먹는 것이 단순해지면 생각이 단순해집니다. 생각이 단순해지면 불필요한 관계에도 휩쓸리지 않게 돼요. 그러면 시간이 느슨하게 흐를 것이고 여유를 가질 수 있고, 충만한 에너지로 즐기면서 일할 수 있습니다.

마음을 차분히 가라앉히고 싶은 날

송엽말죽/ 오이사과연근 즉석피클/ 말린 애호박나물

야트막한 산으로 둘러싸인 김해 대동면의 한 마을에 '반야라마'라는 절이 있습니다. 절이라고는 하지만 그 흔한 불상 하나 보이지 않고, 큰스님도 아무런 격식 없이 작은 마루에서 따뜻한 황차를 따라주는 걸로 인사를 대신하는 곳입니다.

내일 낮에 있을 산사 축제 때 밥상을 차려달라는 부탁을 받고 온 것이었지요. 주먹밥, 손두부, 오곡팥시루떡, 삶은 감자와 옥수수, 된장소스와 생채소, 무청시래기국을 내기로 이야기를 마치고, 수도승의 방처럼 정갈한 숙소로 안내를 받았습니다.

다음날 새벽 명상을 끝낸 다음 부엌으로 내려가 이날 축제에 사용할 음식 재료들을 돌아보고 있는 사이 스님들과 보살들이 침묵 속에서 아침 준비를 합니다. 대부분의 불가 수행처에서는 아침 공양을 죽으로 합니다. 커다란 솥에 뽀얗고 구수한 땅콩죽을 쑤어 김이 오르는 채로 큰 냄비에 담아 사과와 함께 상을 차리네요. 마침 이날은 내가 가져간 약초에 담근 장김치 덕분에 평소보다 찬이 하나 더 늘어났습니다.

스님들이 정진 수행할 때 제일로 치는 음식 재료 중 하나가 솔잎이라는 거 아시나요? 생각이 많아서 뜨거워진 머리의 열을 내리고 마음을 가라앉히는 데는 비타민 A, 비타민 C, 비타민 K, 칼슘, 철분 등이 많은 솔잎만큼 좋은 게 있을까 싶네요. 요즘엔 수시로 방제 작업을 하는 통에 산속 솔잎도 안전하지는 못한 듯해요. 그래서 믿을 수 있는 곳에서 약을 치는 시기를 피해 채취해 말린 것을 사용하는 게 좋습니다. 유기농 가게에 가면 구할 수 있어요.

잘 불린 쌀을 뽀얀 물이 나오도록 찧어서 죽을 쑨 다음 솔잎가루를 한 숟가락 넣고 구운 소금으로 간을 맞추면 그 향기만으로도 마음이 차분해지고 맑아집니다. 땅콩죽에도 솔잎가루를 조금 넣으면 색과 향, 고소함이 더 잘 어우러질 거예요.

새순이 돋는 4월에서 5월 사이, 송홧가루가 터지기 전에 딴 참솔순이나 솔잎으로 송차를 만들면 약이 되기도 합니다. 이때 발효도 돕고 먹기도 좋게 하려고 설탕을 넣기도 하는데, 솔 순이나 솔잎은 수분이 적어 설탕을 넣으면 단맛 때문에 솔향기가 반감되기노 해요. 설탕을 넣는 것보다는 유기농 원당으로 시럽을 만들어 넣는 게 좋아요.(시럽 만드는 방법은 213쪽 산야초 효소 만드는 방법 참조) 이렇게 만든 시럽을 솔 순이나 솔잎에 넣어 발효시키면 됩니다.

그런데 만약 솔 순이 싱싱하고 물기가 많은 것이라면 먼저 원당으로 버무려 하루나 이틀 정도 재워두었다가 시럽을 부어주는 게 좋아요. 정리해보면, 수분이 없는 경우엔 시럽을 붓고, 수분이 있는 경우엔 원당으로 먼저 버무러놓은 후에 시럽을 붓는 게 좋습니다. 물기를 머금고 있는 솔잎을 그늘에서 말려서 수분을 없앤 후 시럽만 붓고 발효시킬 수도 있어요. 완성된 발효액 색깔은 말리지 않은 게 더 선명하지만, 향은 말린 것이 더 좋아요. 각자의 필요와 선택, 재료의 상태에 따라 발효 저장법이 조금씩 달라요. 실패를 거듭하면서 익힌 솜씨가 가장 믿을 만하지요. 그러니 직접 한번 해보시기를 권합니다.

여기에 오이와 연근, 사과로 즉석 피클을 만들어 곁들이고, 햇볕에 잘 말린 호박으로 찜처럼 나물을 만들어 상에 올립니다. 피클의 아삭하고 상큼한 맛과 호박나물의 부드러운 감칠맛이 송엽말죽의 은은한 솔 향과 어울려 먹는 즐거움이 더욱 커질 것입니다.

송엽말죽

재료
불린 쌀 2컵, 솔잎가루 1큰술,
쌀뜨물 10컵, 솔잎 조금

양념
구운 소금 1큰술

1 불린 쌀을 잘 찧어 쌀뜨물을 넣고 끓인다.
2 처음엔 센불로 끓이다가 어느 정도 끓으면 중불, 뜸 들일 때 약불로 하여 죽이 어우러지면 솔잎가루를 풀어 넣고 소금으로 간한 후 솔잎을 조금 띄워 준다.

> **TIP** 솔잎으로 효소 만드는 법
> 솔잎을 따서 설탕시럽을 끓여 부어 100일 이상 발효시키면 건강한 솔잎 효소(발효액)를 만들 수 있다. 오염되지 않은 솔잎을 구할 수 있다면 깨끗이 씻어 그늘에서 말린 후 분쇄기에 갈아두고 음식에 넣거나 차로 마셔도 된다.

오이사과연근 즉석피클

재료
오이 1/2개, 사과 1/2개, 연근 1/3개,
당근 1/2개, 파프리카 1개, 청양고추 1개

양념
원당 수북이 2큰술, 구운 소금 1큰술,
식초 3큰술

1. 오이는 2~3mm 두께로 동글하게 썰고, 사과는 6등분하여 5mm 두께의 부채꼴 모양으로 썬다. 연근과 당근은 얇게 썰고, 파프리카는 짧고 굵게 채 썰고, 고추는 동글동글 얇게 썬다.*
2. 준비된 재료에 원당을 넣고 버무려서 10분 정도 지난 후 소금과 식초를 넣어 버무린다.**

TIP* 생강을 얇게 저며 끓는 물에 살짝 데친 다음 찬물에 한 번 헹궈 이 피클에 같이 절여도 맛있다. 때로는 감자나 고구마, 콜라비, 래디쉬 등의 채소도 사용해보는데 이런 것도 생으로 먹을 수 있구나 하고 깜짝 놀라게 된다.

TIP** 저장성은 없으나 상큼하고 개운한 맛이 입맛을 당긴다. 이틀 정도는 냉장 보관하여 먹을 수 있다.

말린 애호박나물

재료
말린 애호박 2줌, 불린 오분도미 2큰술, 대추 3~4개

양념
들깨가루 2큰술, 구운 소금 2작은술

1 말린 애호박을 따뜻한 물에 3~4시간 불리고, 불린 오분도미를 분쇄기에 갈아 준비한다. 대추는 굵게 채 썰어둔다.
2 냄비나 프라이팬에 물 1/2컵을 붓고 불린 애호박을 익힌다. 이때 굵게 채 썬 대추를 함께 넣는다. 들깨가루와 분쇄기에 간 오분도미를 넣고 소금으로 간하여 걸쭉해지면 완성된다.

TIP 애호박 외에도 가지, 토란 줄기, 고사리 등 말린 채소를 이용할 수 있다.

TIP 오분도미를 분쇄기가 아닌 절구에 넣고 나무 방망이로 찧어 나물에 넣으면 쌀알 씹히는 맛이 더욱 좋다.

처진 마음과 몸을 일으켜 세우고 싶은 날

무청시래기죽/ 버섯장조림/ 홍시드레싱샐러드

가을 김장을 끝낸 뒤 우리 집 너른 마당 빨랫줄에 내걸리던 무청시래기와 실에 꿴 무말랭이가 문득 생각납니다. 그 광경이 파란 가을 하늘을 배경으로 한 한 폭의 그림처럼 떠오르네요.

햇볕과 바람에 말라 쪼그라들면서도 흐트러지지 않는 자세와 더욱 고와지는 빛깔을 지닌 곡식과 채소를 바라보며 자연의 아름다움에 매료되곤 했습니다. 아무런 생각도 주장도 담지 않고, 자신의 육신을 자연에 고스란히 내어맡긴 채 초연히 죽어가는 당근, 연근, 호박, 시래기를 바라보노라면, 나도 저렇게 죽어갈 수 있으면 좋겠다는 생각이 절로 들곤 했어요.

햇볕에 있는 자외선과 결합되어야 합성된다는 칼슘이나 비타민 D를 섭취하겠다는 욕심 때문이 아니라 각 음식의 재료들이 지닌 성질과 향과 맛 때문에 자연 건조하지 않고 인공적으로 말린 식품은 아예 입에 대고 싶지 않습니다. 가을 햇살에 잘 말린 무청시래기의 에너지는 우리 몸의 일그러진 균형을 잘 잡아줍니다. 무청시래기에 된장 한 움큼 넣고, 들깨가루도 조금 넣고, 오곡가루 빻아둔 게 있으면 그것도 조금 넣어 조물조물 무쳐서 쌀뜨물 붓고 푹 끓인 시래기국은 먹어도 먹어도 질리지 않아요. 입맛을 잃은 아침이나 감기 몸살 뒤끝에, 혹 먹고 남긴 시래기국과 찬밥이 있다면 이 두 가지를 함께 넣고 시래기죽을 쑤어 먹어보세요. 처진 몸과 마음을 일으켜 세우기에 그만입니다.

오래 전 감기몸살로 몇 날 며칠 동안 앓아누웠던 적이 있어요. 딱 부러지게 열이 난다거나 어디가 티 나게 아픈 것도 아니면서 축 처져 힘을 쓸 수가 없었어요. "시름시름 앓다가 죽는다더니 이렇게 앓다가 죽을 수도 있겠네" 싶었습니다. 아직 어린 딸아이 때문에라도 서서 일어나야겠는데, 몸 안의 물과 혈액은 자꾸만 말라가는 것 같고, 피로감이 온몸을 짓눌러 도저히 일어설 수가 없었어요. 바로 그 때 먹은 게 무청시래기죽이에요. 죽 한 그릇을 먹고 금세 기력을 되찾은 기억이 지금도 선명합니다.

에너지가 가득한 음식을 먹으면 허기와 결핍을 채우는 것은 물론 신선한 생명력까지 채우게 됩니다. 이러한 건강한 에너지를 자연으로부터 얻을 수 있다는 걸 한 숟가락의 죽을 입에 떠 넣는 순간 깨우치게 될 거예요. 여기에 짭조름한 버섯장조림과 달콤한 홍시드레싱을 얹은 샐러드를 곁들이면 맛으로나 색감으로나 토속적인 무청시래기죽과 두루 잘 어울립니다.

특히 버섯장조림은 표고버섯이나 새송이, 양송이 등의 버섯을 햇볕에 하루 정도 말려서 수녁해시년 산장을 넣고 조리는데, 쫀득하게 씹히는 맛이 쇠고기장조림 저리 가라 할 만큼 향긋하고 맛있답니다. 가을철에나 만날수 있는 싸리버섯장조림은 정말 귀한 음식 중의 하나지요. 무청시래기죽과 버섯장조림은 기운을 차리게 하는 영양죽이에요.

무청시래기죽

재료
불린 쌀 2컵, 말린 무청 1줌,
황기 1뿌리, 오가피 3~4개,
말린 표고버섯 2개, 둥굴레 2개,
감초 2개, 쌀뜨물 10컵

양념
된장 1큰술

1. 무청은 하룻밤 물에 불린 뒤 삶아서 찬물에 깨끗이 씻어 잘게 썬다.
2. 황기, 오가피, 말린 표고버섯, 둥굴레, 감초에 쌀뜨물을 부어 20~30분 정도 푹 끓여 물만 걸러내 죽 쑬 물로 준비한다.
3. 불린 쌀을 도기 절구에 넣고 찧는다.
4. 무청에 된장을 넣고 버무려서 냄비에 넣고, 찧은 쌀과 함께 2의 약초 물을 부어 끓인다. 눋지 않도록 나무 주걱으로 잘 저어준다. 끓으면 중불로 낮췄다가, 죽이 어우러질 때쯤 약불로 낮춰 뜸을 들인다.

> **TIP** 무청시래기를 잘 삶아 깨끗이 씻은 후에 된장을 넣고 무치거나 두부와 들깨가루를 넣고 무치면 맛있는 나물이 된다.

> **TIP** 말린 채소를 잘 삶으려면 하룻밤 동안 충분히 물에 담기는 게 좋으며, 질기다고 무청시래기 겉껍질을 벗겨내기보다는 푹 삶아서 껍질째 먹는 게 몸에 더 좋다. 채소 삶은 물은 세안할 때 쓰면 좋은데 피부가 촉촉하고 매끈해진다.

버섯장조림

재료
말린 표고버섯 10개, 양송이버섯 20개

양념
집간장 5큰술, 조청 1큰술

1. 말린 표고버섯을 깨끗이 씻은 뒤 따뜻한 물 1컵을 부어 3~4시간 정도 불린다.
2. 불린 표고버섯을 꺼내(이때 표고버섯 불린 물은 버리지 않는다) 굵게 채 썬 다음 이것을 양송이버섯과 함께 표고버섯 불린 물, 간장, 조청을 넣고 끓인다. 한소끔 끓으면 불을 끄고 그대로 식힌다.
3. 하루 지난 다음 표고버섯과 양송이버섯을 건지고 장물을 따라내어 다시 한 번 끓인 다음 식혀서 버섯에 부으면 완성된다. 이렇게 만든 버섯장조림은 바로 먹을 수 있다. 냉장고에 두면 1개월 정도 저장이 가능하다.

TIP 생표고버섯도 양송이버섯과 함께 하루 정도 햇볕에 꾸들꾸들하게 말려서 장조림으로 만들 수 있다. 쫄깃하고 향긋한 맛이 말린 표고버섯을 불려서 만든 것과는 또 다르다.

홍시드레싱샐러드

재료
홍시 1~2개, 사과 1/2개, 양상추 1/2개, 비트 1/8개 정도

양념
오미자 효소 3~4큰술
(오미자 효소 만드는 법은 215쪽 참조),
집간장 1큰술이나 구운 소금 2작은술

1. 양상추는 적당히 썰고, 비트는 작게 채 썰고, 사과는 얇게 썬다. 양상추와 비트는 찬물에 담갔다가 건지면 싱싱해진다.
2. 홍시를 으깨서 오미자 효소와 간장(또는 소금)을 넣고 잘 섞어 준비한 재료 위에 끼얹는다.

TIP 홍시의 붉은 빛과 달콤함이 샐러드 드레싱 만들기에 아주 멋진 재료라서 즐겨 사용하는데, 청양고추를 다져 넣어 매운맛을 더해주어도 좋다. 먹고 남은 드레싱은 이틀 정도는 냉장 보관이 가능하다.

외로움과 고독, 슬픔을 달래고 싶은 날
대추죽/ 산나물찜/ 오미자물김치

톨리라는 달콤한 과자를 처음 먹어본 것은 인도 서북부 라자스탄 아부산 꼭대기에서 라자요가 명상을 가르치는 세계영성대학교의 기얀사로바 캠퍼스에서였어요. 수십 년 동안 요가 수행을 해 온 요기 할머니들로부터 받은 첫 선물이었죠. 그 후 수업이 끝나거나 오가다 만날 때마다 요기 할머니들은 작은 선물과 함께 늘 톨리를 주셨어요. 누구에게나 똑같이요. 톨리는 오랜 수행을 통해 가장 순수한 파동을 지니게 된 요기가 만든다고 해요. 신의 사랑과도 같은 달콤함과 에너지 때문이지요.

몸에 해롭다거나 입맛에 맞지 않아서 단것을 먹지 않는 사람도 더러 있지만, 파동에 담긴 원초적인 힘, 생명 에너지가 삶의 원동력이라고 믿는 내게는 한 조각의 단 과자, 톨리가 만나manna(모세의 인도 아래, 이집트를 탈출한 이스라엘 백성이 광야에서 굶주릴 때 하느님이 내려준 신비로운 양식)처럼 느껴지곤 합니다. 달콤한 음식에는 외로움과 고독, 슬픔을 달래주는 에너지가 있습니다. 외로움을 못 이겨 단 음식을 한없이 먹는다면 비만과 병을 불러오기도 하겠지만, 사랑이 가득 담긴 단 음식을 한두 입 먹는 것은 우리 마음에 치유와 휴식을 가져다줍니다.

우리가 쉽게 접할 수 있는 대추는 그 맛이 달콤하고 향기로워 단맛을 내는 식재료로 그만이에요. 대추는 따뜻한 성질이 있고 진정 효과도 있다고 해요. '약방의 감초'처럼 '부엌의 감초'라고 할 만큼 온갖 음식에 맛과 향을 더해주고 약성을 높여줍니다. 그래서 우리나라에선 예부터 부엌에서 대추가 떨어지지 않게 했어요. 그만큼 온갖 음식의 부재료로 많이 써왔다는 얘기지요. '식약동원食藥同源'(먹는 음식과 약은 그 근본이 같다)이라는 말도 있잖아요. 밥상이 곧 약상이 되도록 먹는다면 가장 이상적인 식사법일 겁니다.

이 달콤한 대추에 생강이나 모과, 배 등을 섞어서 달여 마시면 몸이 따뜻해진다는 걸 모르는 사람은 없을 거예요. 한 가지 귀띔으로 대추차 만드는 비법을 알려드릴게요. 대추를 곱게 채 썰고 생강, 모과도 곱게 채 썰어요. 배합 비율 같은 건 신경 쓰지 말고 있는 대로 사용합니다. 그래도 굳이 레시피가 필요하다면 세 가지를 비슷한 양으로 잡는다는 정도? 그렇게 채 썰어 준비한 재료에 꿀이나 설탕 시럽을 부어요. 설탕 시럽을 넣는다는 점이 중요합니다. 대추, 생강, 모과는 수분이 적기 때문에 설탕을 넣어 발효시키면 당도가 너무 높아져 향이 반감되거든요. 그래서 꼭 시럽으로 만들어 넣어야 합니다. 며칠 두면 발효가 되는데 이렇게 발효된 과일차 재료를 유리병에 담아 곱게 리본을 묶어 선물용으로 써도 좋아요. 감기와 몸살기가 돌고 기침이 날 때 물을 끓여서 대추생강모과차를 적당량 넣고 잠시 끓여내어 홀홀 마시면 금방 더운 기운을 느낄 수 있습니다.

이렇게 영양 많고 달콤해서 먹기 좋은 대추를 죽에 넣으면 어떤 맛이 날지 상상이 되나요? 피로와 외로움, 쓸쓸함이 쌓이고 쌓여 기운도 없고 기분도 울적할 때는 달콤하고 향기로운 대추죽을 한 그릇 드셔보세요. 거짓말처럼 금세 웃음이 번지고 기운이 감도는 것을 느낄 수 있을 거예요.

달콤한 대추차에는 시골 맛이 나는 향긋한 산나물찜과 달콤쌉싸름한 오미자물김치를 곁들입니다. 대추가 몸과 마음을 따끈하게 덥혀주는 동안 오미자가 피로를 풀어주고, 혈압과 혈당을 낮춰주어 몸과 마음을 훨씬 편안하게 해줄 거예요. 감기 몸살로 입맛을 잃었을 때 처진 기운을 회복시켜줄 테니 한번 만들어보세요.

대추죽

재료
불린 현미 1/2컵, 불린 찹쌀 1컵, 차수수 1/2컵, 대추 20개, 호두 3~4개, 쌀뜨물 10컵

양념
구운 소금 1큰술, 식성에 따라 꿀 조금

1 불린 찹쌀은 도기 절구에서 빻고, 현미와 차수수는 분쇄기나 믹서에 넣고 간다.
2 대추는 씨를 빼서 믹서에 갈고, 호두도 갈아둔다.
3 쌀뜨물에 1과 2를 넣고 나무 주걱으로 잘 저어가며 끓인다. 찹쌀과 대추가 잘 어우러지면 호두 간 것을 넣고 소금 간을 한다. 더 달콤하게 먹고 싶으면 꿀을 넣는다.

> **TIP 대추로 차 만드는 법**
> 대추로 죽 외에 차를 끓여 먹어도 맛있다. 대추를 넣고 푹 고아서 거른 후 차수수가루나 찹쌀가루를 아주 조금만 풀어 넣어주면 약간 걸쭉하면서도 더 맛있는 대추차를 만들 수 있다. 환절기나 겨울에 먹으면 좋다.

위에서부터 현미, 찹쌀, 차수수

산나물찜

재료
삶은 취나물 2줌, 미나리 1줌,

양념
오곡가루 1/2컵
(오곡가루 만드는 법은 48쪽 참조),
들깨가루 수북이 2큰술,
집간장 2큰술

1. 삶은 취나물을 손질하여 먹기 좋은 크기로 자르고, 미나리는 손가락 2마디 정도 길이로 썰어둔다.
2. 취나물에 물 1/2컵을 붓고 끓이면서 간장으로 간한다.
3. 오곡가루를 물 1/3컵에 되직하게 개어 2에 넣고 미나리, 들깨가루도 함께 넣어 재빨리 저어 완성한다.

> **TIP** 봄에는 생으로 먹을 수 있는 산나물이 많이 나므로, 굳이 말린 취나물을 쓰지 않아도 된다. 생으로 먹을 수 있는 취나물, 참나물, 방풍나물, 가죽나물 등 온갖 산나물로도 찜을 할 수 있다. 이외에 죽순, 숙주, 콩나물, 해초류로도 나물찜을 만들 수 있고, 여기에 향이 짙은 허브 식물인 방아 잎이나 깻잎을 곁들여도 좋다.

오미자물김치

재료
무 1/4개, 배춧잎 2~3장, 미나리 1줌, 사과나 배 1/2개, 대추 3개, 청양고추 1개

양념
오미자 효소 1컵*
(오미자 효소 만드는 법은 215쪽 참조), 구운 소금 2~3큰술, 생수 10컵

1. 무는 사방 1cm 정도로 나박썰기하고 배춧잎은 무보다 약간 크게 썬다.
2. 썰어놓은 무와 배추에 소금과 오미자 효소를 조금 뿌려서 10분 정도 절인다.
3. 미나리는 2cm 길이로 썰고, 사과나 배는 무보다 조금 도톰하게 썰고, 대추는 씨를 빼서 채 썰고, 청양고추는 잘게 다져서 절여놓은 2에 넣는다.
4. 이렇게 준비한 재료에 생수를 부어 간을 맞춘다.**

{ **TIP*** 사과나 배, 앵두, 수박 등의 과일에 오미자 효소를 넣으면 시원한 화채를 만들 수 있다. 여름 음료로 아주 좋다. }

{ **TIP*** 이렇게 담근 오미자물김치는 숙성시키지 않고 바로 먹어도 신선한 맛을 즐길 수 있다. 봄철에는 돌나물로도 물김치를 담글 수 있는데, 향긋한 기운이 느껴져 기분까지 좋아진다. }

과음, 과식으로 힘든 속을 풀어주고 싶은 날

무구기자죽/ 김무침/ 생나물겉절이

물 많고 시원달착한 가을걷이 무는 움을 파서 저장해두면 이듬해 초여름까지도 아삭하고 시원한 맛을 즐기면서 먹을 수 있어요. 디아스타제라는 소화 효소가 유난히 많아서 무는 소화를 돕는 채소로 많이 알려져 있습니다. 그래서 약이 될 만큼 온갖 음식 처방에 쓰여요. 이를테면 말린 북어에 무를 넣고 끓인 국으로 숙취에 괴로운 속을 달래줄 수도 있고, 갈비찜이나 생선찜에 무를 넣어서 고기의 독성을 완화시킬 수도 있어요. 또 무와 배, 생강, 콩나물에 흑설탕을 넣고 중탕한 액기스는 초기 목감기 치료에 탁월한 효과가 있습니다.

약에는 상약과 중약, 하약이 있는데, 그 중 하약은 치료제로 쓰이는 약성이 강한, 그래서 오래 먹으면 해로운 약이고, 중약은 한시적으로 몸을 보하기 위해 쓰는 약이에요. 그리고 상약은 아무리 먹어도 해가 되지 않는 것으로, 매 끼니 밥상에 올려 음식으로 먹는 약이라고 해요. 그러고 보면 늘 먹는 우리 밥상이 최고의 약인 셈인데, 오늘날은 약이 되는 밥은커녕 독이 되는 밥을 먹고사는 게 아닌가 염려스럽기도 합니다.

그 성질이 온화하여 한방에서 상약으로 친다는 구기자와 소화 흡수를 도와주는 무는 궁합이 잘 맞는 듯해요. 생긴 모양과 빛깔만 가지고도 관심을 사로잡는 구기자를 나는 이런저런 음식에 부재료로 많이 써요. "어떻게 하면 약이 되는 밥상, 쉽고 편안하지만 먹을수록 기운을 보태주는 밥상을 차릴까?"가 관심사이다 보니 그렇게 된 것 같아요. 굳이 '약선 음식'이라는 거창한 이름이 붙지 않았어도 주변에서 쉽게 보고 구할 수 있는, 자주 먹어도 해가 되지 않는 약재로 쓰는 풀들을 구해 양념처럼 많이 씁니다.

구기자도 그렇게 자주 사용하는 식재료 중의 하나인데 베타인이라는 성분이 지방간을 녹여주고 눈을 밝게 하는 등 피로 회복에 도움이 됩니다. 무의 매운맛이 내는 열성과 구기자의 차가운 성질이 만나서 중화를 이루니 술이 과해 속이 편치 않을 때나 위장에 탈이 나서 소화 상태가 좋지 않을 때, 감기몸살로 열이 많이 올라 입맛을 잃었을 때 효험이 있는 게 무와 구기자를 넣고 쑨 죽이에요. 구기자의 빨간색과 무의 흰색이 어우러져 붉은 빛 도는 주홍색 식감이 군침을 돌게 할 뿐만 아니라 구기자의 은은한 향이 미각을 살아나게 합니다. 먹으면서 속도 편해지는, 약이 따로 없는 건강죽입니다.

이 죽에 같이 곁들이면 좋은 반찬은 김무침과 생나물겉절이에요. '해조류의 왕'이라고 하는 김에는 무기질이 많고, 생나물에는 비타민이 많아 죽상에 부족하기 쉬운 영양을 보충해줘요. 속이 편치 않을 땐 생나물겉절이보다는 배추를 살짝 데쳐서 된장에 무쳐 내는 게 더 좋습니다.

무구기자죽

재료
불린 오분도미 2컵, 무 1/3개,
구기자 수북이 1큰술, 양송이버섯 6개,
쌀뜨물 10컵

양념
참기름 1큰술, 구운 소금 1큰술

1. 불린 쌀을 도기 절구에 넣고 나무 방망이로 찧는다. 구기자는 분쇄기에 빻아 준비한다.
2. 곱게 채 썬 무와 찧은 쌀을 함께 냄비에 넣고 참기름을 넣어 볶으면서 재료가 눋지 않도록 나무 주걱으로 저어준다.
3. 쌀알과 무가 말개지면 얇게 썬 양송이버섯과 빻아둔 구기자를 넣고 쌀뜨물을 부어 끓인다. 처음엔 센불에서 끓이다가 끓기 시작해서 2~3분 후엔 중불로 끓이고, 재료가 익으면 약불에서 뜸을 들이듯이 끓인다. 상에 낼 때 소금으로 간하여 낸다.

> **TIP 죽 젓는 법**
> 빻은 쌀을 볶을 때는 불을 약하게 해서 나무 주걱으로 잘 저어주는데, 약간 눋는 듯싶을 때 물을 4~5숟가락 부어 닥닥 긁어주면서 젓고, 또 눋는 듯하며 노르스름한 누룽지가 만들어지면 물을 더 붓고 닥닥 긁어주면서 젓기를 3~4차례 반복하면 훨씬 더 고소하고 차진 죽이 만들어진다. 나무 주걱으로 저을 땐 한 방향으로만 저어주는 게 좋다. 죽은 영양 성분과 생기에너지를 얻기 위해 먹는 것인 만큼 한 방향으로 저어줘야 에너지가 차분해진다.

김무침

재료
참김 10장

양념
집간장 4큰술, 생수 1/2컵, 통깨 조금, 참기름 1큰술

1. 김을 구워서 부순 뒤 간장과 생수, 통깨, 참기름으로 무친다. 집집마다 간장의 짠기가 다르니 짠기에 따라 양을 조절하고 이에 맞춰 생수의 양도 달라질 수 있다.
2. 단맛을 주려면 조청을 1~2큰술 넣어주면 좋다.

> **TIP** 참김에 비해 돌김이나 파래김이 향기도 좋고 부드럽긴 하나 풀어지는 느낌이 들어 무침용으로는 참김이 더 좋다.

생나물겉절이

재료
배추 속 노란 잎 10여 장, 돌나물 1줌

양념
된장 1큰술, 산야초 효소 2큰술
(산야초 효소 만드는 법은 213쪽 참조),
들기름 1큰술

1 배춧속은 먹기 좋은 크기로 썰고, 돌나물은 깨끗이 씻어 건진 뒤 물기를 뺀다.
2 된장, 산야초 효소, 들기름을 잘 섞어서 살짝 버무린다.

> **TIP** 이른 봄에 구하기 쉬운 돌나물이나 봄동 배추는 아무데서나 길러도 살아남는 강한 생명력과 왕성한 번식력을 가지고 있다. 돌나물 꽃도 먹을 수 있다.

고소하고 부드러운 맛으로
기운을 북돋우고 싶은 날

보리잣죽/ 배추들깨나물/ 연두부오이샐러드

삼십여 년 전 그다지 아는 것도 없이 그저 요리 학원 원장인 엄마의 딸로서 강의를 하려니까 갑갑하기 이를 데 없었어요. 음식이나 바느질같이 손으로 하는 일은 직접 해보는 것이 큰 공부인데, 엄마에게 어깨너머로 배운 솜씨만 가지고 사람들 앞에 서려면 항상 '이게 아닌데'라는 생각이 앞섰어요. 학교가 있나 책이라도 흔하나, 겨우 어디선가 음식에 관한 자료를 얻으면 혼자서 궁리하고 만들어보는 게 다였지요.

일류라고 하는 주방장이나 호텔 조리장을 찾아가 배우기도 했습니다. 그런데 내가 해보면 잘 되는데 수강생들이 하면 잘 안 되는 게 많아요. 체계를 가지고 배운 게 아니라서 그런지 핵심과 요점 파악이 잘 안 돼 딱 부러지게 가르쳐줄 수가 없었습니다. 그런데 혼자서 "뭐가 잘못 되어서 그럴지?" 하고 끙끙거리다보면 어느 순간 "아, 이게 문제였구나" 깨우침이 올 때가 있어요.

잣죽을 쑬 때도 그런 경험을 했어요. 어느 날 잣죽을 쑤는데 죽이 자꾸 삭는 거예요. 처음엔 왜 그런지 몰랐는데 알고보니 잣의 지방 성분이 죽을 삭히더라고요. 잣은 따로 갈아두었다가 쌀죽이 빡빡하게 어우러졌을 때 붓고 한소끔만 끓여야 농도를 맞출 수 있어요. 어쩌면 주부들이 다 아는 평범한 상식을 모르고도 강단에 설 때가 많았던 걸 돌아보면 얼굴이 붉어집니다.

입맛이 없다고 하면 쑤어주던 엄마의 잣죽이 생각나네요. 예전엔 잣이 귀해서 전복죽만큼이나 귀히 여겼어요. 아주 옛날엔 타락죽이라고 해서 우유죽도 그만큼이나 귀하게 여겼고요.

나는 잣의 향기, 우유의 고소함, 보리의 토속적인 구수함을 조화롭게 맞춘 보리잣죽을 좋아해요. 때로는 아침식사로, 때로는 서양의 귀리수프처럼 먹곤 합니다.

이 죽을 쑬 때 유의할 점은 쌀은 찧는 게 좋고 보리는 믹서나 방아에 갈아주는 게 좋다는 거예요. 보리는 믹서에 갈지 않으면 씹히는 맛이 거칠게 느껴질 수도 있어요. 쌀은 믹서에 갈면 안 됩니다. 분쇄되는 과정에서 유입된 공기가 죽의 탄력을 앗아가서 탄력감이 없고 미끌미끌하게 느껴지거든요.

그리고 또 한 가지 주의할 점이 있어요. 이 죽은 다른 죽에 비해 좀더 빡빡하게 쑤는 게 좋아요. 잣과 우유가 들어가면 많이 삭기 때문에 삭을 걸 감안해서 빡빡하게 쑤어야 합니다. 잣이나 호두, 깨처럼 지방이 많은 견과류로 죽을 쑬 때 특히 유의할 점이에요. 죽이 빡빡하게 됐다 싶으면 우유를 넣고 갈아둔 잣을 넣은 뒤 한소끔 끓이세요. 두고 먹을 거라면 먹을 만큼만 덜어서 잣즙과 우유를 따로 넣는 것도 좋은 방법입니다.

여기에 채소를 곁들여주면 죽을 더 맛있게 먹을 수 있어요. 영양의 균형 면에서도 좋고요. 삶은 배춧잎에 으깬 두부와 들깨가루를 넣어 무쳐내면 부드러운 맛이 속을 편안하게 해줍니다. 비타민이 가득한 채소도 올려주면 더욱 균형감 있는 죽상이 될 테니 오이와 연두부로 샐러드를 만들어 곁들여보세요. 간단하게 만들 수 있으면서도 맛과 성질을 최대화할 수 있어서 죽상 반찬으로는 아주 좋습니다.

보리잣죽

재료
불린 보리쌀 2/3컵, 불린 오분도미 1/3컵, 우유 1.5컵, 잣 수북이 2큰술, 쌀뜨물 4컵

양념
구운 소금 1큰술

1. 불린 보리쌀은 분쇄기나 믹서에 곱게 갈고, 오분도미는 도기 절구로 곱게 빻아둔다.
2. 잣은 먼지를 씻어내고 우유를 넣어 믹서에 곱게 간다.
3. 냄비에 빻은 쌀과 보리를 넣고 분량의 쌀뜨물을 부어 나무 주걱으로 저어가며 끓인다. 처음엔 센불로 시작해 끓기 시작하면 불을 낮추어 중불에서 끓인다. 어우러지면 2에서 준비한 잣물을 부어 한소끔만 끓인다. 먹기 직전에 소금 간을 한다.

> **TIP** 잣 다지는 법
> 잣을 다질 때는 믹서나 분쇄기를 이용하지 않고, 아래 사진처럼 창호지나 무명 천을 깔고 칼로 직접 다지는 게 훨씬 맛있다. 이 경우 죽이 다 끓었을 때쯤 우유와 다진 잣을 각각 넣고 살짝만 더 끓여주면 된다.

> **TIP** 잣에는 알파 아밀라아제라는 효소 성분이 있어 끓일수록 점성을 없애기 때문에 먹기 직전에 넣는다는 점에 특히 주의한다.

잣 다지기

배추들깨나물

재료
배춧잎 보통 크기 3~4장, 두부 1/3모

양념
들깨가루 수북이 1큰술
구운 소금 2작은술

1. 배추는 끓는 물에 살짝 데쳐 찬물에 헹궈 물기를 짠다. 너무 꼭 짜면 뻣뻣해서 맛이 없고, 덜 짜면 물기가 많아 물컹해진다.
2. 두부를 도마 위에 놓고 칼을 옆으로 뉘어 으깬 다음 깨끗한 마른 면포로 물기를 짜준다.
3. 1의 배추를 먹기 좋은 크기로 썰어 들깨가루와 으깬 두부, 소금을 넣어 잘 버무린다.

> **TIP 들깨가루 만드는 법**
> 들깨가루는 볶으면 고소한 맛은 더 해도 쉽게 산패하므로 보관이 어렵다. 생들깨가루가 더 생기가 많고 보관도 쉽다. 집에서 만들려면 들깨를 씻어 말렸다가 냉동 보관하여 필요한 만큼만 분쇄기로 빻아 쓰면 된다. 껍질째 먹는 게 몸에 훨씬 좋으니 껍질 없애려는 수고를 할 필요가 없다.

> **TIP** 배추나물뿐만 아니라 모든 데친 나물 요리를 할 때는 데친 재료를 두 손으로 감싸쥐듯 눌러서 약간 촉촉한 느낌이 드는 정도로 짜야 한다. 옛말에 "할머니 손가락 사이로 구정물이 나와야 나물 맛이 난다"는 말이 있는데 나물엔 적당할 만큼의 수분을 남겨야 한다는 뜻이다.

연두부오이샐러드

재료
연두부 1개, 오이 1/4개, 비트 1/8개, 풋고추 1개

양념
집간장 1큰술, 식초 1/2큰술, 통깨 조금

1 오이는 얇게 썰고, 비트와 풋고추는 잘게 썰어서 연두부 위에 뿌리고 집간장, 식초, 통깨로 양념장을 만들어 끼얹어준다.

TIP 연두부 대신 두부를 0.5mm 정도로 각지게 썰어서 끓는 물에 살짝 데친 다음 다른 채소와 함께 샐러드 재료로 쓰면 맛도 영양도 좋다. 소화가 잘 되고 가벼운 음식이라 죽상에 잘 어울린다.

쌉싸래한 맛으로 입맛 살리고 싶은 날

치자아욱죽/ 연근우엉고구마조림/ 백김치

어느 날 길을 가다가 작은 화분에서 탐스럽게 피어난 예쁜 꽃을 보았어요. 가까이 다가가니 눈송이처럼 새하얀 꽃잎에서 진한 향기가 납니다. 복스러운 촌 아낙처럼 생긴 이 꽃은 치자꽃이었어요. 이 치자꽃 화분 두 개를 사다가 창가에 두고 그 향기와 어여쁨에 오랫동안 취하기도 하고, 몇 개 안 되는 치자 열매를 따서 햇볕에 말려두었다가 전유어 부칠 때 요긴하게 쓰기도 했습니다.

치자 열매를 쪼개서 찬물에 담가두면 금세 샛노란 물이 나와요. 하얀 앞치마를 이 물에 담그니 개나리 색으로 물들더군요. 색만 예쁜 게 아니고 은은한 향기도 감도는 것이 바로 꽃이나 열매 같은 식물로 염색할 때 얻는 또 다른 기쁨 중의 하나예요. 이렇게 천연 염색으로 물들인 옷감은 색이 바래면 바래는 대로 예쁘고, 너무 많이 바래면 또다시 꽃물에 담그면 되니까 좋아요. 그렇게 예쁜 물을 들여 입다가 그나마도 싫증이 나면 비눗물에 폭폭 삶아요. 그러면 뽀얀 순백의 색으로 쉽게 돌아가죠.

자연은 그렇게 순합니다. 억세게 주장하거나 끈질기게 흔적을 남기려고 하지 않아요. 언제든지 변화될 준비를 갖추고 있는 걸까요? 형체를 아무리 바꾸어도 본질은 하나라는 걸 알아서 변화를 두려워하지 않는 걸까요? 이런 현상들을 보면 삶, 생명, 자연, 우주, 영성은 어긋남이 없는 법칙으로 모양을 드러내기도 하고 감추기도 하는구나 싶어요.

눈으로 보고 그 보이는 사물을 뇌가 판독할 땐 존재하는 듯이 느껴지지만 실제로는 이미 홀로그램처럼 사라지고 난 다음일 수도 있죠. 그래서 망막에 비치는 모든 실재를 너무 확대하거나 심각하게 보지는 말아야겠다고 생각하게 됩니다. 아쉬움 없이 금세 흔적을 감추는 사연을 보고 있노라면 절로 그런 생각이 들어요.

치자는 꽃과 열매, 잎, 뿌리를 다 먹을거리로 제공해요. 그리고 치자에 있는 알칼로이드나 타닌 성분이 항바이러스 작용을 해서 해열, 항생, 소염, 이담에 효과가 있다고 해요. 그렇다면 치자물을 여드름 치료제나 여성 청결제로 사용해도 되겠다 싶어요. 그렇지만 자연은 탐욕을 허락하지 않아요. 지나치게 과하지 않도록 조심스럽게 타협과 화해를 거치면서 사용하는 게 좋아요. 몸과 마음 그리고 자연과의 관계를 조화롭게 맺으려는 조심성과 배려, 존중, 보살핌이야말로 자연으로부터 협조를 얻어내는 지름길이에요.

치자물을 붓고 죽을 쑤면 오분도미의 쫀득함과 노란 치자의 쌉싸래한 맛이 환상적이죠. 치자를 워낙 좋아하다보니 얻게 된 요리법이에요. 여기에 아욱을 넣으면 구수함까지 더해져 아주 멋진 죽이 탄생합니다. 시금치, 근대와 비슷한 성질이 있는 아욱은 가을이 되면 맛이 깊어집니다. 맛있다는 건 그만큼 생명력이 절정에 달했다는 뜻이죠. 가을에 아욱이 흔해지면 잎을 문질러 씻어 풋물을 뺀 다음 된장을 넣고 국을 끓여도 맛있어요.

이렇게 아욱을 넣은 죽에 호두를 갈아 넣으면 색과 향에다 고소함까지 더해져 입맛을 더욱 돋아줍니다. 쌉싸래하면서도 고소한 치자아욱죽에 파프리카가 어우러진 시원한 백김치와 연근우엉고구마조림을 상에 올리니 죽상이 아주 화려하고 멋지게 되는군요. 연근우엉고구마조림은 노인이나 환자, 아이들도 모두 좋아하니 꼭 한번 만들어보세요.

치자아욱죽

재료
불린 오분도미 2컵, 치자 2~3개, 아욱 1줌, 호두 3~4개, 쌀뜨물 7컵

양념
구운 소금 1큰술

1. 치자는 반으로 쪼개 2컵의 물에 담가 하룻밤 불려 노란 물을 우려낸다.
2. 불린 쌀을 도기 절구에 나무 방망이로 찧는다.
3. 아욱은 풋물이 빠지도록 치대어 씻어두고, 호두는 분쇄기에 넣고 갈아 준비한다.
4. 찧은 쌀에 치자물과 쌀뜨물을 부어 나무 주걱으로 저어가며 끓이다가 어느 정도 익으면 중불로 낮추어 아욱을 넣고 끓인다.
5. 죽이 어우러지면 약불에서 뜸들이다가 갈아놓은 호두를 넣고 소금으로 간을 맞춘다.

> **TIP** 치자에는 해열·소염 성분이 있다. 열이 오르고 소화가 잘 안 될 때, 감기몸살 뒤끝에 회복기 음식으로 좋다.

> **TIP** 아욱 잎이나 호박 잎같이 거친 잎채소류는 치대어 씻어주면 부드럽고 맛있다. 아욱 대신에 호박 잎이나 시금치, 근대로 죽을 쑤어도 좋다.

연근우엉고구마조림

재료
연근 1/2개, 우엉 1개, 고구마 3개

양념
집간장 1/3컵, 원당 수북이 3큰술, 유자청 1큰술

1. 연근은 얇게 저며 썰고, 우엉은 굵게 채 썰고, 고구마는 반 토막 낸다.
2. 냄비에 1을 넣고 물 3컵을 부어 익힌 다음 간장과 원당을 넣고 중불에서 서서히 졸이다가 재료가 쫄깃해지고 윤기가 돌면 유자청을 넣어 뜸을 들인다.

> **TIP** 아이들은 쫄깃한 단맛을 좋아하는데 쫄깃하게 졸이려면 오래 졸이는 게 비결이라면 비결이다. 불을 약하게 해서 서서히 졸일수록 쫄깃해진다. 연근이나 우엉을 잘 안 먹는 아이들도 이렇게 고구마와 함께 졸여주면 잘 먹는다.

백김치

재료
배추 2포기, 무 1/4개, 배 2개
파프리카(노랑, 주황) 각 1/2개,
미나리 1줌, 청갓 1줌

양념
약초맛물 10컵
(약초맛물 만드는 법은 55쪽 참조),
오곡가루 3컵
(오곡가루 만드는 법은 48쪽 참조),
산야초 효소 1/2컵,
(산야초 효소 만드는 법은 213쪽 참조),
굵은 소금 4컵, 집간장 1컵,
다진 생강 1큰술

> **TIP** 백김치국수 만드는 법
> 이 김치는 숙성되어야 (겨울엔 일주일 이상, 봄가을엔 3~4일 정도) 맛있으며, 국물을 넉넉히 부어두면 나중에 이 김치국물을 넣어 시원한 백김치국수를 만들 수 있다. 김치를 쫑쫑 썰어 넣고 김치국물만 부어주면 된다. 이때 겨자를 약간 넣어주면 톡 쏘는 맛이 더욱 입맛을 당긴다.

1. 배추를 반으로 쪼개 물에 담갔다가 건져서 굵은 소금을 배추 줄기 속 켜켜이 잘 뿌려 절인다. 1시간마다 뒤척여주어 4시간 정도 골고루 절여지면 잘 헹구어서 소쿠리에 건져둔다.
2. 약초맛물을 끓여 물에 갠 오곡가루를 풀어 넣고 되직하게 풀을 쑤어서 식힌 다음 간장과 산야초 효소로 간을 맞춰둔다.
3. 배는 껍질째 반으로 쪼개고 무와 파프리카는 3cm 길이로 채 썰고, 미나리와 갓도 3cm 길이로 썰어둔다.
4. 2의 양념을 3컵 정도 떠서 3의 재료들을 버무린다.
5. 씻어 건져둔 배추에 4를 넣고 항아리에 담은 후 남은 2의 양념을 붓는다.

텅 빈 쾌감, 단식

　단식은 단순한 다이어트가 아니라 체질 개선, 정신력과 의지력 강화, 숙변 제거, 피부 미용 효과, 잘못된 체형 교정, 장기의 크기 변화를 통한 질병 치료, 면역력 증가, 자연 치유력 회복 등 많은 효과를 볼 수 있는 단순하면서도 놀라운 방법입니다. 그러나 먹는 일에만 익숙해져 있는 우리들에겐 결코 쉬운 일처럼 여겨지지 않지요. 그래서 나는 일상생활에도 지장이 없으면서 조금은 가벼운 마음으로 해볼 수 있는 3일 단식을 권해요.

　몸을 비우는 일은 단지 몸만 비우는 게 아니라 우리의 마음을 비우는 행위이기도 합니다. 몸 안에 가득한 똥과 독소를 비워내는 일은 우리의 묵은 때와 욕심과 집착을 버리는 일이 되어줄 거예요. "숙변을 제거할 때까지, 몸무게가 몇 킬로그램이 될 때까지"와 같은 무리한 계획을 세우면 자칫 "단식은 어렵고 힘든 일"로 인식될 뿐만 아니라 탐욕이나 애착이 생겨 오히려 몸과 마음을 흩트릴 수 있습니다.

　단식 기간 동안 철저하게 자기 자신만을 바라보기를 권합니다. 배가 고프다면 고프다는 감정을 무시하지 말고 잘 살펴보세요. 그리고 이런 것들을 의식하고 분석하는 주체로서의 '나'를 객관화시켜봅니다. 위나 장이 약한 분은 단식하는 동안 배가 고픈 것을 넘어서 아픈 것이 느껴지기도 할 겁니다. 그 외에도 여러 가지 변화들을 경험할 수 있는데, 이런 변화를 호전 반응이라고 해요. 일시적으로 증상이 더욱 심해지는 현상을 말하는데, 몸을 보호하기 위한 자연적 자구 행위입니다. 단식의 효과가 나타나는 것이므로 긍정적으로 생각하고 노폐물이 몸에서 더욱 잘 빠져 나오도록 도와주세요.

　단식하기 이삼일 전부터 감식을 합니다. 끼니를 줄이는 것이 아니라 양과 칼로리를 줄입니다. 인스턴트 음식이나 음료, 자극이 강한 음식, 육류나 밀가루 음식, 술, 담배를 삼가야 해요. 생채식과 자연식 위주의 식단을 먹습니다. 감식 마지막 날엔 묽은 죽이나 미음을 먹고, 마지막으로 구충제를 먹어둡니다.

　그러면서 몸의 세포들에게 신호를 보냅니다. 앞으로 며칠간 음식 공급이 중단될 거라는 것과 그 동안 휴식을 통해 잃어버린 생명 에너지를 찾으려는 것이니 놀라지 말고 협조하자는 메시지를 반복해서 들려줍니다.

단식 기간 동안 매일 빠뜨리지 말아야 할 것은 다음과 같습니다.

1. 관장하기: 아침은 가벼운 체조와 함께 장 청소를 위해 관장을 합니다. 쉽게 관장하는 방법은 1,500cc 정도의 미지근한 물에 깨끗한 소금을 약 2큰술(25g) 정도를 타서 마십니다. 내 땀의 농도만큼 짭짤하면 소금의 염화나트륨이 삼투압 작용을 하면서 노폐물을 씻어내줍니다. 소금은 일반적인 재제염(꽃소금)이나 정화를 거치지 않은 것은 독이 될 수 있으므로, 구운 소금이나 죽염, 암염, 빛염, 빙하염 등을 엄선해야 합니다. 물의 온도는 체온과 비슷하게 맞추고 1,500cc의 소금물을 삼십 분 안에 다 마셔야 합니다. 대부분 한두 시간 내로 서너 차례 화장실을 오가며 대장 속의 노폐물이 씻겨 나오는 걸 볼 수 있어요. 때문에 한두 시간 안에 출근을 해야 한다거나 다른 볼일이 있을 경우는 저녁에 여유있게 하는 것이 좋습니다. 이 정도로 숙변까지 제거하기는 무리이고, 단식과 장 청소로 병을 치료하겠다는 목적이라면 반드시 전문가와 상담해야 합니다. 잘못하거나 과욕하면 더 나빠질 수도 있습니다.

2. 햇살 쬐며 산책하기: 일상 생활을 하면서 단식중 해바라기하는 게 쉬운 일이 아니지만 하다못해 창가에 내려앉는 햇볕이라도 뼛속에 닿는 느낌이 들 때까지 쬐도록 합니다. 햇빛이 몸 안의 노폐물을 태우는 레이저를 방사해준다고 상상하면서요.

3. 냉온욕하기: 오후에 틈나는 시간이나 잠들기 전에 냉온욕을 합니다. 냉온욕 또한 몸속 노폐물을 몸 밖으로 내보내는 데 탁월한 효과가 있습니다. 아무리 귀찮아도 해야 합니다. 처음에 찬물로 시작해서 뜨거운 물, 찬물에 각각 아홉 번씩 번갈아 몸을 담그고, 마지막은 다시 찬물로 끝냅니다. 욕조가 없을 땐 샤워기로도 할 수 있습니다. 너무 빨리 끝내지는 말고 견딜 수

있는 만큼 천천히 합니다. 특히 맨처음 냉탕에 들어갔을 때 견딜 수 있는 만큼 오래 머물면 노폐물 제거에 도움이 됩니다. 비누, 치약, 샴푸는 사용하지 않습니다. 부득이할 땐 천연 세제를 사용합니다. 샤워로 하는 냉온욕은 매일 아침저녁으로 하면 좋은데 차가운 물과 뜨거운 물로 번갈아 몸을 식히고 덥히면서 합니다. 온욕 샤워 때는 이완에 집중하고 냉욕 샤워 때는 물의 생명력과 정화력에 집중하는데 세포 하나하나가 새롭게 변화되며 빛으로 가득하다는 걸 심상화하는 게 중요합니다.

4. 배나 몸의 특정 부분이 차거나 아플 땐 커다란 돌멩이를 가스레인지에 삼사 분 앞뒤로 달궈 헝겊에 싸서 대고 있으면 편안해집니다.

단식 기간 동안 마실 수 있는 것에는 이런 것들이 있습니다.

1. 뜨거운 물에 우린 감잎차: 감잎차 대신 연한 쑥차나 뽕잎 차도 괜찮습니다. 2. 장국차: 된장을 묽게 풀고 다시마와 표고버섯을 넣어 두어 시간 푹 다린 뒤 걸러서 마십니다. 아주 연해서 된장 냄새가 거의 안 날 정도로 만드는 게 중요합니다. 3. 산야초 효소(만드는 법은 213쪽 참조)를 희석한 음료. 4. 일시적인 탈진이나 저혈당 상태가 돼서 어지럽고 기운이 빠질 땐 효소를 한 모금 입에 물고 천천히 삼키면 금세 회복됩니다. 5. 생수도 원하는 만큼 되도록 많이 마십니다. 생수는 몸의 노폐물을 몸 밖으로 운반해주는 역할을 합니다.

말하는 법을 배웠듯이 이제 침묵하는 법을 배우고 미세한 소리에 귀를 기울입니다. 내 눈이 보는 것, 내 코가 느끼는 것, 혓바닥의 감촉, 귓가에 맴 도는 바람, 내 몸속의 물결소리…… 쉴 새 없이 움직이는 몸 세포와 원소들을 느껴봅니다. 무엇보다 내 몸의 세포들과 이야기를 나누는 것이 중요합니다. 관장을 할 때도 차를 마실 때도 일을 할 때도 몸을 살피면서 소통하는 연습을 해보세요.

내가 들이쉬는 들숨이 어디로부터 어떻게 와

서 내 피부를 적시고 콧구멍과 기도를 통해 어떻게 스미고 흐르는지 이 숨의 역할이 무엇인지 비밀스러운 답을 스스로 찾아낼 때까지 고요하게 기다리세요. 몸과 마음의 침묵을 통해 그 신비의 문을 여세요. 내 몸을 이루는 수많은 생명체들과 하나될 때 진정한 수용과 사랑을 위한 변형이 일어납니다.

숨을 가능한 한 천천히, 느리고 깊게 쉬세요. 생각의 속도를 최대한 줄이세요. 생각의 패턴을 분류해보는 것도 한 방법입니다. 고양되고 긍정적인 생각, 부정적인 생각, 살아가는 데 꼭 필요한 생각, 불필요한 생각, 또 반복적으로 일어나는 생각은 어떤 것인가 관심을 가져봅니다.

생각의 속도가 줄어들었다면 시간이 매우 느리게 흘러갈 겁니다. 바빠야 할 이유도 없습니다. 지금 현재 바라보고 있는 모든 것이 오직 나만을 위해 존재합니다. 내가 원하지 않아서 바라보기를 멈춘다면 즉시 그것은 사라집니다. 손을 둥글게 오므려서 그 안에 담긴 햇빛이 완전히 피부 속으로 녹아들 때까지 느껴봅니다. 온몸을 간질이는 햇살과 바람에 몸을 맡기고 느껴봅니다.

단식이 끝나면 보식을 합니다. 보식은 단식 이상으로 중요합니다. 아주 묽은 죽으로 시작해서 다음날은 조금 더 된 죽, 그 다음날은 부드러운 밥과 반찬을 싱겁게 해서 조금씩 먹습니다. 천천히 먹고 오래 씹어서 침을 충분히 섞어야 적게 먹게 되고 소화에도 좋습니다. 너무 뜨겁거나 차가운 음식도 피합니다. 보식까지 잘 마친 뒤 김치나 된장찌개 같은 것을 먹어보면 그것이 얼마나 맵고 짜고 자극적인지 금세 느낄 수 있는데, 그만큼 우리의 혀와 몸이 순수해진 상태이므로 이때 식습관을 바꿔보는 것도 좋습니다.

자신의 몸과 마음을 깊이 이해하고 사랑하게 된 이 느낌이 지속될 수 있도록 보살핍니다.

엄마의 사랑이 듬뿍 담긴
안심 간식

엄마가 아이와 가족에게 차려주는 밥상은 단순한 영양을 넘어선 생명 에너지가 아닌가 합니다. 영양 많은 음식을 밖에서 돈 주고 사 먹을 수 있을지는 몰라도 에너지 차원의 생명 음식은 돈으로 살 수 없지요. 의식을 가지고 만든 음식, 사랑을 담은 음식은 에너지를 이끌어내는 힘이 있다는 걸 진심으로 깨달을 때 어떻게 사랑하는 건지도 함께 알게 되는 것 같아요.

엄마가 아이에게 주는 생명 에너지

'어디에서 이 생명 하나 내 품으로 날아들어와 내 사랑, 내 손길을 필요로 하는 걸까?' 엄마들이라면 아기를 품에 안고 이런 생각 한두 번쯤은 해보았을 겁니다. 참 신비롭지요.

"하늘나라에서 엄마 아빠를 아주아주 오랫동안 기다렸어."

"고마워, 엄마를 선택해줘서."

이런 말을 주고받으며 살아온 세월이 어느새 이십 년. 요즘도 가끔 "엄마를 선택해줘서 고마워"라고 하면 딸은 "응" 하고 답합니다. 아이를 낳아보지 않았다면 지금처럼 내 생명과 존재의 소중함을 깨닫지 못했을 수도 있겠다는 생각이 들어요.

참으로 고맙고 사랑스러운 아이에게 엄마가 차려주는 밥상은 단순한 영양을 넘어선 생명 에너지가 아닌가 합니다. 영양 많은 음식을 밖에서 돈 주고 사 먹을 수 있을지는 몰라도 에너지 차원의 생명 음식은 돈으로 살 수 없지요. 배가 부르도록 맛있게 먹고 나오면서도 식당 밥은 왠지 '허하다'고 하잖아요? 애정 결핍과 욕구 불만이 과잉 식욕을 불러오고 비만의 원인이 되기도 한다는 걸 다들 잘 알 거예요. 이게 다 생명 에너지가 부족한 음식을 먹은 후유증입니다. 이제 영양 분석에 주목할 때는 지났다고 봅니다. 영양을 영양이게 한 배경, 눈에 보이지 않고 손에 잡히지는 않지만 생명의 원천이 된 그 어떤 기운과 에너지를 읽고 느낄 때가 되었어요.

의식을 가지고 만든 음식, 사랑을 담은 음식은 에너지를 이끌어내는 힘이 있다는 걸 진심으로 깨달을 때 어떻게 사랑하는 건지도 함께 알게 되는 것 같아요. 그러면서 부엌 일이 더 즐거워졌습니다.

아이가 학교에 다닐 때에 도시락 싸는 일도 즐거웠는데, 아이는 "왜 엄마를 귀찮게 하느냐?"는 친구들의 타박에 "그런가?" 싶기도 하고, 또 다들 급식을 하는데 혼자 남아 교실에서 밥 먹는 외로움도 싫어 때론 급식의 대열에 동참하기도 했습니다. 그러나 맛도 맛이지만 느끼할 뿐만 아니라 먹고 나서 속이 울렁거리고 뱃속에 기름이 가득 차 있는 것 같아서 못 먹겠다고 결국 도시락을 싸달라고 합니다. 서로 식당에 먼저 들어가기 위해 뛰고 밀쳐야 하는 소란스러움도 싫었을 테지요. 나중에는 같은 반 아이들 중에 스무 명 남짓이 도시락 싸가지고 오기 시작했다고 해서 "솔아, 네가 큰일 했다. 도시락 싸기 운동을 네가 했네" 하고 칭찬해주기도 했습니다.

"엄마, 급식 국에서 큰 바퀴벌레가 나왔대요. 반찬에 마요네즈 뚜껑이 들어 있었대요" 하는 말들을 들을 때면 정말 중요한 것은 영양만이 아닌데 싶은 생각이 다시 한 번 들어요. 요리 학원을 하면서 조리사 기능 시험에 합격할 수 있도록 지도하는 강습이 점점 싫어졌는데, 그 까닭은 사십여 가지 음식 중 선택된 두 종류의 요리를 주어진 시간 안에 일정한 사이즈로 순서에 맞춰 만들어내면 합격이거든요. 여기에는 음식을 만지는 사람의 인성이나 요리사가 갖추어야 할 실제적이고도 기초적인 지식이나 기술은 고려되지 않았어요. 어떤 마음으로 음식을 만드는지가 무엇보다 중요한데 말예요.

나는 먹는 것이 단순해지면 생각이 단순해진다고 믿어요. 생각이 단순해지면 지각이 선명하고 명료해져서 삶 속에 복잡하게 파고든 여러 가지 불필요한 관계에도 휩쓸리지 않게 돼요. 불필요한 관계가 정리되기 시작하면 시간이 느슨하게 흐를 것이고 여유를 가질 수 있습니다. 느긋하면 잠들기도 쉽고 편안하게 자고 일어난 아침에는 에너지가 충만합니다. 이 에너지를 가지고 즐기면서 일할 수 있어요. 그런 상태에서 아이의 밥상이나 간식을 준비한다면 그 즐겁고 평화로운 기운이 그대로 요리에 담기지 않을 리 없겠지요.

아이들이 참 좋아하는
떡볶이와 떡꼬치

어릴 때부터 요리 학원에서 만든 갖가지 화려한 음식을 먹고 자라서 맛의 회로가 발달되어 있는 딸아이가 지금과 같은 밥상에 익숙해지기까지는 여러 해가 걸렸어요.

이젠 스스로 정리된 생각과 가치관으로 자기가 먹을 재료를 손수 선택해요. 가공한 것 빼고, 수입한 것 빼고, 농약이나 화학 비료 준 것 빼고, 기름에 튀긴 것 빼고, 첨가물 들어간 것 빼고, 영양은 없고 칼로리만 높은 것 빼고, 고기와 생선 빼고, 과자 빼고, 청량음료 빼고 나니 장바구니에 담을 수 있는 게 점점 줄어들어요. 급기야는 유기농 매장을 가자며 한마디 덧붙입니다. "우리집은 엥겔지수가 너무 높아. 그래도 약 사 먹고 병원에 가는 돈은 안 드니 좋지만."

아이가 어느 날은 "궁중 떡볶이는 어떻게 해요?"라고 묻더군요. 측은한 마음에 바로 떡을 사다가 쇠고기 대신 버섯과 양배추를 넣고 간장으로 양념한 떡볶이를 만들어주었어요. 나도 저만 할 땐 자극적인 맛을 좋아하던 걸 떠올리며 매운 풋고추를 넣어서 집간장과 원당, 조청, 현미유로 양념해주니 이제부터 파는 떡볶이는 안 먹겠다고 해요. 아흔아홉 되신 이모님과 여든아홉 되신 친정어머니가 오셨을 때도 한 접시 상에 올렸더니 "어떻게 만든 거니? 집에 가면 나도 꼭 해봐야겠다"며 맛있게 드셨어요. 어린아이들은 토마토소스를 넣어주면 잘 먹으니 만들어보세요.

간장양념떡볶이

재료 및 양념

현미 떡국떡 1.5공기, 양송이버섯 8개, 파프리카 1/3개, 양배추 잎 2~3장, 풋고추 2개, 집간장 3큰술, 원당 2~3큰술, 현미유 2큰술

1. 떡국떡이 굳었으면 끓는 물에 데쳐서 찬물에 헹궈둔다.
2. 양배추는 5~6cm 정도로 썰고, 양송이버섯은 반으로 쪼개고, 파프리카는 떡과 비슷한 크기로 썰고, 풋고추는 손가락 1마디 크기로 썬다.
3. 프라이팬을 달궈서 뜨거워지면 현미유를 넣고 양배추를 볶는다.
4. 양배추가 익을 즈음 나머지 재료들을 넣고 간장, 원당으로 간을 한다. 중불로 낮춰 잠시 볶다가 약불로 낮춰서 뜸을 들여주면 깊은 맛이 난다.

> **TIP 채소를 맛있게 볶는 법**
> 처음엔 센불에 시작해서 태우지 않도록 조심하고, 타기 전에 중불로 낮춰서 볶는다. 여러 종류의 채소를 함께 볶을 때나 간장, 원당 등의 양념을 넣고 나면 물기가 생기는데 이때 마냥 약불에서 볶으면 채소들이 축축 늘어진다. 이럴 땐 잠깐 불을 세게 했다가 다시 낮춰야 아삭하게 볶아진다. 채소에서 나온 수분과 양념이 고루 스며들도록 뜸 들이는 과정도 필요하다. 그래서 간단한 볶음 요리를 할 때도 불의 세기와 볶는 시간, 양념의 농도를 잘 맞추는 정성과 섬세함이 필요하다.

토마토소스떡볶이

재료 및 양념

떡볶이떡 16개, 양송이버섯 4개, 파프리카 1/3개, 브로콜리 1/4개, 토마토 농축액 수북이 8큰술 (토마토 농축액 만드는 법은 70쪽 참조), 집간장 1큰술, 원당 수북이 1큰술, 조청 1큰술, 현미유 2큰술

1. 떡볶이떡이 굳었으면 끓는 물에 데쳐서 찬물에 헹궈둔다.
2. 양송이버섯은 반으로 쪼개고, 파프리카는 떡과 비슷한 크기로 썰고, 브로콜리는 쪼개서 살짝 데쳐놓는다.
3. 프라이팬을 달궈서 뜨거워지면 현미유를 넣고 모든 재료를 넣고 볶는다.
4. 재료들이 익을 즈음 토마토 농축액, 간장, 원당, 조청을 넣는다. 중불에서 잠시 볶다가 약불로 낮춰서 뜸을 들여주면 깊은 맛이 난다.

> **TIP** 가래떡으로 떡볶이를 만들면 더 맛있는데 가래떡을 직접 뽑을 때는 백미로만 가래떡을 뽑으면 쫄깃하긴 하지만 풍미가 없고 소화도 잘 되지 않는다. 또 현미로만 뽑은 가래떡으로 떡국이나 떡볶이를 만들면 쉬이 풀어져버린다. 현미와 오분도미를 반반 섞어서 쓰면 소화도 잘 되고 씹을수록 고소한 것이 정말 맛있다.

떡꼬치

재료

떡볶이떡 16개, 양송이버섯 4개, 파프리카 1/3개, 브로콜리 1/4개

양념

토마토 농축액 수북이 8큰술
(토마토 농축액 만드는 법은 70쪽 참조),
집간장 1큰술, 원당 수북이 1큰술,■
조청 1큰술, 고추기름 4큰술■■
(고추기름 만드는 법은 41쪽 참조)

1. 떡볶이떡은 말랑해지도록 끓는 물에 데쳐서 찬물에 헹궈놓는다.
2. 양송이버섯은 작은 건 그대로, 큰 건 반 쪼개놓는다.
3. 파프리카는 양송이버섯 크기로 썰어놓고, 브로콜리도 양송이버섯 크기로 썰어 뜨거운 물에 데쳐둔다.
4. 토마토 농축액에 간장, 원당, 조청을 섞어서 소스를 만든다.
5. 꼬치에 준비해둔 떡, 파프리카, 떡, 양송이, 떡, 브로콜리, 떡을 번갈아 끼워서 뜨거운 팬에 고추기름을 두르고 굽는다. 앞뒤를 한 번씩 구워준 다음 중불로 낮춰 만들어둔 토마토소스를 발라가며 굽는다. 소스를 여러 번 덧입혀 발라주어야 알맞게 간이 배어들어서 맛있다.

> **TIP ■** 볶음을 할 때 단맛을 내는 재료로 원당이나 조청을 쓴다. 원당은 재료를 굳히는 성질이 있고, 조청은 깊이 어우러지는 맛이 있다. 이렇게 성질이 다르기 때문에 음식에 따라 용도가 다르다. 쫄깃한 맛을 원하면 조청보다 원당이 낫다.

> **TIP ■■** 고추기름은 색이 곱고 칼칼한 맛이 덜 느끼해서 사용하는데, 약간 매운 맛이 있어 어린아이용으로는 맞지 않을 수도 있으니, 올리브유나 현미유로 대신해도 좋다.

사랑을 전하는 새콤달콤한 애플파이

중학생이던 나만 서울에 남겨두고 진해로 이사할 수밖에 없었던 가족에 대한 그리움과 외로움 때문에 힘들어했던 때가 있었어요.

엄마가 그리워서 엄마가 만들어주던 애플파이가 먹고 싶었는지, 애플파이가 먹고 싶어서 엄마를 그리워했는지 잘 모르겠지만, 그 그리움에 빵집을 기웃거리곤 했지요. 지금부터 사십 년도 훨씬 전이니 빵집조차도 흔할 때가 아니었죠.

이러한 시절에 애플파이를 맛볼 수 있었던 건 살림이 넉넉해서가 아니었어요. 교직을 그만둔 아버지 대신 다섯 아이를 키우느라 양품점, 양장점도 하고, 그러다 신통치 않아 모두 접고 식구들을 이끌고 진해로 내려가 삯바느질도 하고 수출용 봉제 완구도 만들던 엄마가 그것보다 수입이 낫다는 친척의 권유로 순회 요리 강습을 하게 되면서 연습으로 구운 애플파이를 먹게 된 거죠.

그때는, 평소엔 일반적인 솥으로 사용하다가 통닭구이나 카스텔라, 푸딩 등을 구울 때는 뚜껑을 불 위에 얹고 그 안에 재료를 올린 뒤 속이 깊은 솥을 뚜껑처럼 덮어 오븐처럼 쓸 수 있는 만능 영양솥이 있었어요. 엄마가 이 만능 솥으로 요리를 해보이면 요리를 배우는 수강생들이 솥을 샀어요. 솥만 사는 게 아니라 칼, 계량컵, 계량스푼, 베이킹파우더, 심지어는 후추와 겨자까지 사갔지요.

그 시절은 새마을 운동과 함께 분식, 혼식을 정책적으로 장려했기 때문에 시·군·면사무소를 무료로 빌릴 수 있었고, 무료 요리 강습이라는 인쇄물을 돌리면 사람들이 삼삼오오 모여들어 분식 요리를 배우고 집에서도 해볼 양으로 이런 도구와 재료들을 사갔던 거죠. 인터넷을 열면 온갖 요리 정보가 쏟아지고 마트에 가면 없는 게 없는 지금의 주부들은 상상하기 어려운 풍경일 겁니다.

외로움을 어루만져주는 달콤한 맛을 잊지 못했을까요. 충무로 버스길 한 모퉁이에서 조그만 파이 전문점을 발견했어요. 가난한 주머니를 다 털어서 사 먹어본 그 애플파이는 그러나 엄마의 애플파이와는 너무나 달랐어요. 엄마가 만든 파이는 쫄깃쫄깃하게 씹히는 과일젤리 맛이 났거든요. 설탕에 졸인 사과의 질감과 새콤달콤하면서도 강렬한 계피향, 그리고 파이의 특징을 잘 살려주는 고소하고 파삭한 도우의 맛, 어느 하나도 맛볼 수 없었던 파이 전문점의 애플파이는 실망스러웠어요. 세월이 흘러 이제는 엄마의 그 애플파이를 내가 딸에게 만들어줘야겠다는 생각이 들었어요.

오랫동안 잊고 있었던 기억을 더듬어가며 사과를 얇게 썰고, 설탕과 계피가루를 뿌려 졸이니, 달콤한 계피의 향이 온 집안에 감돕니다. 사랑이 담긴 달콤새콤한 파이를 만들어줄 딸이 있다는 게 감사해지는 순간입니다. 엄마에게서 받은 사랑에 내 사랑을 보태 아이에게 줄 하트 모양의 애플파이를 만들어보세요.

애플파이

재료

반죽(통밀가루 2컵, 올리브유나 현미유 2큰술, 우유나 물 3/4컵, 소금 1작은술), 사과 2개, 유기농 설탕 1/2컵, 계피가루 1/2작은술, 잣 2큰술

양념

구운 소금 1/2작은술

1. 통밀가루에 올리브유나 현미유를 넣고 손으로 잘 비벼 고루 섞이게 한 다음 체에 내려서 부드러운 가루로 만든다.
2. 체에 내린 가루에 소금과 물을 넣고, 치대지 말고 살살 반죽하여 비닐봉지에 넣어 30분 정도 냉장고에 둔다.
3. 사과를 6~8조각으로 내어 유기농 설탕과 소금, 계피가루를 넣고 약불에서 20분 정도 졸이면 사과가 젤리처럼 투명해지면서 졸깃졸깃해진다.
4. 냉장고에 넣어두었던 반죽을 꺼내서 도마 위에 마른 통밀가루를 뿌리고 방망이로 얇게 민다. 가능한 한 얇게 밀수록 파삭한 파이 껍질을 얻을 수 있다.
5. 얇게 민 반죽 표면에 올리브유나 현미유를 고르게 발라주고 접어서 다시 한 번 민다. 한두 번 더 같은 방법으로 밀어주면 파이 껍질이 페이스트리처럼 파삭해진다.
6. 반죽의 반쪽에 사과 젤리와 다진 잣을 넣고 접어서 포크로 가장자리를 누른 다음, 위에도 공기구멍이 나도록 포크로 뚫어준다.
7. 예열된 오븐에 넣어 굽는다. 온도는 180~200도에서 10~15분 정도 구우면 노릇해진다.

> **TIP** 반죽을 하기 전에 밀가루를 체에 내려주는 것이 좋은데, 밀가루에 있는 이물질을 제거할 수 있고, 또 밀가루에 공기가 들어가 훨씬 바삭하고 부드러운 파이를 만들 수 있다.

> **TIP** 사과가 많은 계절이나 남은 사과가 있을 때 사과젤리를 만들어두었다가 빵과 함께 잼처럼 먹기도 하고 파이 만들기에도 쓸 수 있다. 단것이 싫으면 파이 속에 사과젤리를 조금만 넣는다. 잣 대신 호두를 넣어도 맛있다. 반죽 모양은 다양하게 만들 수 있다. 모양틀로 하트나 동물 모양을 잡아주면 아이들이 좋아한다.

담백하고 부드러운
단호박케이크

요리 학원을 그만두고 나서는 한동안 케이크를 만들지 않았더니 아이가 "왜 엄마는 그 많은 오븐을 다 주고 하나도 가져오지 않은 거야?"라며 불평을 해요. 아마도 쿠키 정도는 제 손으로 만들어 먹고 싶었나봐요. 아이의 불만을 잠재워 줄 겸 해서 자그마한 전기 오븐을 하나 사서 오랫만에 케이크를 만들어보기로 했어요.

기어이 가물가물해 이러저러 요리책을 뒤져보니 전직 요리 선생인 내가 봐도 어려울 만큼 복잡하고, 달걀이 들어가지 않은 건 아예 없는 거예요. 그래서 기억을 더듬어 만들기로 합니다.

먼저 통밀가루에 베이킹파우더를 넣고 고루 섞이도록 체에 두어 번 내려줍니다. 럼이나 리큐르 대신 매실 효소나 산야초 효소를 쓰고, 달걀 대신 물이나 우유에다 유기농 원당을 넣어 원당이 녹을 때까지 중탕한 다음 산야초 효소를 듬뿍 넣고 버터 대신 현미유나 올리브유를 넣어요. 여기에다 미리 준비해둔 통밀가루를 넣어 부드럽게 저어주는데 묽기를 팬케이크 반죽 정도로 만듭니다. 이 반죽에 다진 호두나 잣을 듬뿍 넣고 예열해둔 오븐에 구워요. 처음엔 통밀가루로만 했지만 차츰 흑미가루나 호밀가루(베이커리 재료 가게에서 구입)로도 만들고 고구마나 단호박을 쪄서 으깨 넣기도 하니 참 맛있다고 해요. 때로는 유자청을 듬뿍 넣기도 합니다. 그리고 조금 되직하게 반죽해서 구우면 쿠키로도 만들 수 있어요.

요리란 어렵게 생각하면 한이 없어요. 누군가가 만들어놓은 레시피가 도움이 되는 것 같지만 그것은 동시에 하나의 덫과 같아서 자꾸 남의 레시피에 의존하다보면 그 범주에서 벗어나지 못합니다. 이 모든 게 처음엔 누군가가 시행착오를 거치면서 만들어놓은 것 아닌가요? '그 처음 누군가가 내가 되면 어떠리'라는 생각으로 창의적인 방법을 시도해봐요. 새로운 걸 만들어보는 재미가 삶을 흥미롭게 이끕니다.

뚝딱뚝딱 손바느질로 만든 옷을 걸쳤는데도 "재단할 줄 아나보죠? 솜씨가 좋으셔요"라고들 해요. 여고 시절 가사 시간에 단 한 번도 완성품을 내어본 적이 없고, 바느질 문턱에는 가본 적이 없는 내가 내 손으로 지은 옷을 입기 시작한 지 여러 해가 돼요. 이젠 원하는 대로 필요한 대로 옷을 만듭니다. 나만의 노하우가 있다면 '내가 입고 싶은 옷을 쉽게!' 만들자는 거예요. 난 단순한 옷을 좋아합니다.

케이크를 만들 때도 같은 원칙을 적용해요. 쉽게 만들어서 즐겁게 먹어야지요. 내가 아는 방법은 "빵 반죽이나 케이크 반죽이나 쿠키 반죽이나 같은 원리이니 거기서 거기더라"예요. 아무리 어려운 일도 한 발자국을 떼면 다음 발자국 떼기가 쉬워져요. 어려워하지 말고 쉽게 재미를 가지고 케이크 만들기에 도전해봐요. 실패하면 다시 만들어보죠. 두 번째는 실패하지 않을 테니까요.

단호박케이크

재료

반죽 (통밀가루 2컵, 베이킹파우더 2작은술, 물이나 우유 4/5컵, 삶아서 으깬 단호박 1컵)

양념

소금 1작은술, 올리브유나 현미유 2큰술, 산야초 효소나 매실 효소 8큰술
(산야초 효소 만드는 법은 213쪽 참조), 유자청 2큰술

1. 통밀가루에 베이킹파우더와 소금을 넣어 잘 섞은 다음 체에 내려 부드러운 가루로 만든다.
2. 단호박은 쪄서 뜨거울 때 으깨서 굵은체에 내려 부드럽게 만든다.
3. 체에 내린 통밀가루에 물, 현미유, 삶아서 으깬 단호박, 산야초 효소, 유자청을 넣고 부드럽게 반죽하여 케이크 틀에 붓는다.
4. 180~200도로 예열해둔 오븐에 20분 정도 굽는다.
5. 표면이 노릇해지고 이쑤시개로 찔러보아 묻어나오는 반죽이 없으면 잘 익은 것이다.

> **TIP 찐빵과 쿠키 만드는 법**
>
> 단호박 대신 여러 채소와 과일을 활용해 찐빵과 쿠키도 만들 수 있다. 고구마나 감자, 당근, 사과 등을 사방 1cm 두께로 썰어 삶은 완두콩이나 강낭콩을 넣고 단호박케이크와 같은 방법으로 반죽하여 오븐이나 찜솥에 쪄내면 맛있는 영양 찐빵이 된다. 또 케이크 반죽을 조금 더 되직하게 해서 호두나 땅콩, 아몬드, 초콜릿 등을 넣어 오븐에 구우면 고소한 쿠키가 만들어진다.

건강하게 즐길 수 있는
채식자장면과 김치스파게티

어느 날 여러 스님들이 승합차를 타고 "청도에 자장면 먹으러 가자"고 왔어요. 얼떨결에 차에 실려 두어 시간 달린 끝에 청도의 시장 골목에 있는 허름한 중국집에 도착했습니다. 스님들을 위해 정성들여 만든 버섯 넣은 자장면과 짬뽕은 몇 년이 지난 지금까지 기억이 날 정도로 맛이 좋았어요. "절에 행사가 있을 땐 아예 직접 와서 몇백 명분의 면을 뽑고 자장소스를 끓여낸다"던 마음씨 좋은 주방장의 편안한 얼굴도 생각나네요.

먹는 습관을 바꿔서 모든 음식을 직접 만들어 먹기 시작한 뒤로 가장 생각나는 음식이 자장면과 우동, 잔치국수예요. 청도 중국집에서 먹었던 자장면을 떠올리며 호박, 양송이버섯, 감자 등으로 자장소스를 만들어봅니다. 무엇보다 자장엔 춘장이 주인공인데 춘장 속에 들어간 첨가물과 카라멜 색소 때문에 쓸 엄두가 안 나더군요. 다행히 유기농 가게에서 우리 콩으로 만든 색이 엷은 춘장을 구할 수 있었어요. 색소를 넣지 않아 우리가 흔히 알고 있는 자장처럼 색이 진하지는 않지만 그래도 안심할 수 있는 재료라 자장면을 만들어보려고 해요.

잘게 썬 재료와 춘장을 넣어 다글다글 볶다가 물을 붓고 끓이는데 문득 중국집의 자장 맛을 떠올려보니 달착한 맛이 있던데 싶어 조청을 조금 넣어봅니다. 채소가 익었을 즈음 감자 전분 대신 현미 찹쌀과 차수수, 차조 등을 섞어 빻은 오곡가루를 넣어 걸쭉한 자장소스를 완성시켰어요. 잘게 다진 채소에 춘장을 넣고 조청 조금 넣고 다글다글 볶으면 간자장이 되고, 물을 부어 오곡가루를 풀어 넣으면 그냥 자장이 돼요. 자장의 맛을 좌우하는 면도 준비합니다. 손수 면을 뽑는 수고까지 하긴 그렇고 기술도 없으니 스파게티 면이나 우리밀 칼국수로 대신해요.

씹는 질감이 느껴지는 면발에 담백한 자장소스가 곁들여지니 자극적이지도 않고 감칠맛이 있는 게 아이들에게 안심하고 권할 수 있어서 좋아요. 그리고 아이들뿐만 아니라 어른들도 무척 좋아합니다. 자장면 같은 음식은 먹고 나면 속이 불편하다고 하는 이들이 많은데 이 채식자장면은 먹고 나서도 속이 더부룩하거나 소화가 안 되거나 하는 불편함이 없어요. 그러니 아이들과 함께 맛있게 만들어 먹어보세요.

달착한 토마토소스에 버무린 김치스파게티도 쉽고 맛있게 만들 수 있어요. '김치와 토마토' 이게 과연 어울릴까? 어떤 분이 밥상 강좌에서 먹어본 김치스파게티가 맛있어서 집에서 만들려고 하니 "김치와 토마토? 그거 너무 퓨전 아니에요?"라며 대학생 아들이 의아해하더래요. 그런데 요리가 완성되자 "어, 생각보다 맛있네"라며 맛있게 먹더라는군요.

이렇게 순수한 음식 맛에 길들여지면 사 먹는 음식이 먹기 싫어진다고들 해요. 느끼하고 속이 편치 않다는 게 금방 느껴지니까요. 집에서 손쉽게 해먹을 수 있는, 색소를 넣지 않아 더욱 안심하고 먹을 수 있는 채식자장면과 우리 입맛에 익숙한 김치를 이용한 스파게티, 맛보시겠어요?

채식자장면

재료

감자 1개, 단호박 1/2개,
양송이버섯 8개, 당근 1/4개,
유기농 스파게티 면이나 유기농 칼국수 2줌

양념

춘장 4큰술, 올리브유나 현미유 2큰술,
조청 1큰술, 오곡가루 수북이 4큰술
(오곡가루 만드는 법은 48쪽 참조)

1. 감자, 단호박, 당근은 사방 1cm 정도로 깍뚝썰기하고, 양송이버섯은 작은 것은 반으로 쪼개고 큰 것은 4등분한다.
2. 냄비를 중불에 올려 현미유와 춘장을 넣어 볶다가 춘장이 나른해지면 준비한 재료를 넣고 볶는다.
3. 감자가 반쯤 익으면 조청과 물 1컵을 붓고 푹 익힌다. 재료들이 완전히 익었을 때 오곡가루를 물 1/2컵에 풀어서 넣고, 1~2분 정도 끓여서 소스를 완성한다.
4. 끓는 물에 면을 넣고 삶아 건져서 그릇에 담고 소스를 끼얹어 완성한다.

김치스파게티

재료

배추김치 2장,■ 노란 파프리카 1/2개,
양송이버섯 8개, 유기농 스파게티 면 2줌

양념

토마토소스 2컵
(토마토소스 만드는 방법은 70쪽 참조),
집간장 2큰술, 조청 1큰술,
올리브유나 현미유 2큰술

1. 배추김치는 5cm 길이로 채 썰어둔다.
2. 파프리카도 채 썰고, 양송이버섯은 저며 썰어둔다.
3. 뜨겁게 달군 프라이팬에 올리브유를 넣고 김치와 버섯을 넣고 볶다가 김치가 익으면 파프리카도 함께 넣어 볶는다.
4. 여기에 토마토소스를 넣고 볶다가 걸쭉해지면 간장과 조청을 넣어 소스를 완성한다.
5. 끓는 물에 스파게티 면을 삶아 건져서 준비한 소스를 넣고 다시 한 번 살짝 볶아서 그릇에 낸다.■■
6. 식성에 따라 치즈를 곁들여 먹기도 한다.■■■

> **TIP** ■ 배추김치 대신에 배추 장김치를 넣어도 맛이 좋다.(배추 장김치 만드는 법은 207쪽 참조)

> **TIP** ■■ **스파게티 면 삶는 법**
> 1. 면이 충분히 잠길 정도의 큰 냄비에 넉넉하게 물을 넣어야 면이 달라붙지 않는다.
> 2. 물이 끓으면 면을 부채살처럼 펴서 넣는다. 만약 냄비가 작아 물의 양이 충분치 않다면 올리브유를 몇 방울 떨어뜨려 면이 엉겨 붙지 않게 한다.
> 3. 스파게티 면은 면을 넣고 끓기 시작한 시점부터 8분 정도 삶는 게 좋은데, 면을 씹어봐서 심이 남아 있지 않을 만큼 삶는 게 우리 입맛에는 맞다.
> 4. 다 삶았으면 그대로 체에 건진다. 국수처럼 물에 헹구지 않는다는 것에 주의한다. 소스 만들 시간이 더 걸린다면 면에 올리브유를 발라 서로 들러붙지 않게 한다.

> **TIP** ■■■ 바질이나 로즈마리 같은 향신료를 뿌리기도 하고, 도리아 만들 때처럼 그림소스를 끼얹어 오븐에 구워 먹어도 좋다.

안심하고 먹을 수 있는
두유마요네즈 호밀빵샌드위치

달걀 노른자에 식용유와 식초를 조금씩 부어 계속 휘저으면 마요네즈가 만들어집니다. 그렇게 만들어진 마요네즈를 넣어 만든 감자샐러드샌드위치를 맛보며 신기해하던 시절이 있었어요. 그땐 마요네즈에 온갖 것들을 찍어 먹기도 했는데, 마요네즈를 손수 만들어주는 엄마는 그것만으로도 앞서가는 엄마처럼 보였습니다.

지금이나 그때나 먹는 일은 모든 이가 관심을 가질 수밖에 없는 일이지만, 달라진 게 있다면 그때는 그냥 제때 배부르게 먹는 것, 남들이 먹어본 것을 나도 좀 먹어보는 것 정도였다면, 지금은 무엇을 어떻게 먹는가가 더 중요해졌다는 것이겠죠. 게다가 아토피나 비만과 같은, 먹는 것과 직결되는 질병을 앓는 아이들이 많아지면서 이는 더욱 민감한 문제가 되었어요.

딸아이가 학교 다닐 때 주로는 아침에 내가 직접 만든 생식가루에 요구르트를 곁들여 먹거나 싱싱한 채소와 같이 먹었지만, 간혹 색다른 것이 먹고 싶다고 할 때는 호밀빵샌드위치를 만들어주곤 했어요. 그런데 샌드위치에 들어가는 과일이나 채소를 버무리는 마요네즈를 달걀이 아닌 것으로 만들 수는 없을까 고민이 되었지요. 옛날처럼 마당에서 풀어 키운 닭이 낳은 알이 아닌, 양계 '공장'에서 만들어내는 공산품으로 전락한 달걀을 먹느니 차라리 안 먹는 게 낫겠다고 생각했거든요.

그러다가 찾아낸 것이 두유에 올리브유와 식초, 두부와 잣을 넣고 분쇄기에 갈아 만든 드레싱입니다. 시중에서 파는 마요네즈보다 더 고소하고 상큼한 채식 마요네즈가 만들어진 거예요. 이 상큼한 마요네즈를 채소에 넣고 버무린 호밀빵샌드위치는 상큼하고 고소한 맛도 그만이지만 건강 간식으로도 아주 좋아요.

달걀이니 우유는 영양 성분이 농축된 완전 식품으로 알려져 있지만, 건강하게 생산되지 못한 제품에는 그만큼 오염 물질도 농축되어 있다고 해요. 요즘 아이들이 키가 큰 이유가 축산 가공품에 든 성장 촉진제 때문이라고도 하니 "차라리 아이를 굶겨라"는 얘기가 나올 만합니다. 두유 역시 어떤 콩으로 만든 것인지가 중요합니다. 대부분 수입콩으로 만들어지고 수입콩 대부분은 유전자 조작 콩이니 잘 살펴 유기농 두유를 구입해야 해요.

두 해 전, KBS '환경스페셜'에 보도된 내용을 보니 인도 목장에서 기르던 양과 염소들이 3년 동안 수만 마리가 폐사했는데 조사 결과, 유전자 조작 면화를 심었던 밭에서 방목한 양들이라고 해요. 미국의 한 박사가 한 실험에서는 쥐에게 유전자 조작 감자를 먹이자 거의 모든 장기의 중량이 감소했고, 90일 동안 계속해서 먹은 쥐는 간 기능과 면역 기능이 저하되었다고 합니다.

토마토를 추운 지방에서 재배하기 위해 넙치의 얼지 않는 유전자를 이식한다든지, 염분에 잘 견디는 형질을 이식해 벼를 해안 습지에서도 경작한다든지 하는 일들은 자연적으로는 결코 일어날 수 없는 일이지요. 이렇게 부자연스러운 일들이 계속되는 때에 우리는 시애틀 인디언 추장의 연설문 한 구절을 기억해야 할 것입니다. "동물들에게 일어나는 일은 머지않아 사람들에게도 일어납니다. 모든 것은 서로 연결되어 있습니다."

두유마요네즈 호밀빵샌드위치

재료

둥근 호밀빵 1개, 양상추 잎 2~3장, 토마토 1개, 오이 1개, 당근 1/2개, 양배추 잎 3~4장, 사과 1개, 두유 100ml, 두부 1/2모, 잣 4큰술.

양념

구운 소금 4작은술, 식초 3~4큰술, 올리브유나 현미유 6큰술, 원당 1큰술

1. 빵은 1.5cm 두께로 썰어둔다.
2. 양상추는 빵보다 조금 작은 크기로 뜯어놓는다.
3. 토마토는 얇게 저며서 썰어둔다.
4. 오이, 당근, 양배추 잎, 사과는 채 썰어서 소금 1작은술, 원당 1큰술, 식초 1큰술에 절였다가 10분 정도 지난 뒤에 건져서 물기를 꼭 짜준다.
5. 두유에 잣을 넣어 분쇄기에 간 다음 으깨서 물기를 짠 두부와 올리브유 6큰술, 소금 3작은술, 식초 2~3큰술을 넣어 다시 한 번 갈아 두유마요네즈를 만든다.
6. 4에 두유마요네즈를 넣고 잘 섞어서 샐러드를 만든다.
7. 호밀 빵 위에 양상추를 깔고 토마토를 얹은 다음 준비한 샐러드를 놓는다.
8. 빵을 덮어 샌드위치를 만든 뒤에 촉촉한 행주에 싸서 묵직한 도마 같은 것으로 덮어 5분 정도 자리 잡히도록 두었다가 먹기 좋은 크기로 썬다. 빵 위에 샐러드를 얹어 오픈 샌드위치로 먹어도 좋다.

> **TIP** 반드시 호밀빵일 필요는 없어도 호밀에는 섬유소와 무기질, 비타민이 많아서 아이들 간식으로 좋다. 씹히는 맛이 약간 묵직해도 오래 씹을수록 고소한 풍미가 입맛을 당긴다.

> **TIP 두유마요네즈로 샐러드 만드는 법**
> 두유마요네즈로 여러 가지 샐러드를 만들 수 있다. 삶은 감자나 단호박을 으깨서 두유마요네즈를 넣어 만든 감자샐러드, 단호박샐러드는 맛도 영양도 좋아서 여러 요리에 곁들일 수 있다. 달걀로 만든 마요네즈보다 담백하고 깔끔하다.

오곡가루로 빚은
호떡과 부꾸미

지금은 사라졌지만 사십여 년 전 명동극장 골목 어귀에 허름한 중국집이 있었어요. 문을 열고 들어서자마자 오른쪽 입구 커다란 화덕에서 금방 구워져 나온 둥글넙적한 뜨거운 호떡을 그 자리에 선 채로 먹노라면 아무리 조심해도 입안을 데기 일쑤이고 꿀물이 교복자락에 흘러내리곤 했던 기억이 있습니다. 요즘처럼 기름에 튀기다시피 한 호떡이 아닌 진짜 화덕에 구운 호떡인데 지름이 15센티미터는 될 만큼 커다란 호떡 두 개를 먹고 나면 배가 부를 정도였지요.

중앙극장 바로 곁 한 평도 채 못 됨직한 조그만 가게에서 굽던 통팥이 가득한 국화빵도 잊지 못할 간식거리였죠. 아주 오래 전 1960년대 말 명동의 흑백 사진 같은 풍경이지요. 혹 그걸 기억하는 이가 있다면 크림이 든 빵을 조개탄 난로 위에 얹어 노릇하게 구워 먹던 그 기막힌 달콤파삭한 맛도 기억할 거예요.

중학생 때 방학을 맞아 고향에 가면 아는 사람의 빵집 한 귀퉁이에서 호떡을 구워 팔던 엄마를 도와 호떡을 굽기도 했어요. 커다란 양푼 가득 막걸리를 넣어 발효시킨 말랑말랑한 밀가루 반죽을 한 줌 떼어내면 무른 호떡 반죽이 손가락 사이로 요리조리 흘러내리곤 했지요. 얼른 추슬러 흑설탕을 넣고 둥글게 빚은 다음 재빨리 뜨거운 번철에 던지다시피 해서 구워야 할 만큼의 고난이도 기술을 요했죠. 이때의 호떡도 명동의 중국집 화덕에서 구운 것만큼은 못해도 꿀물이 줄줄 흘러내리는 달콤함 때문에 간식거리 중에서 첫 번

째에 놓을 만했어요.

  지금도 가끔씩 그때 생각이 나면 아이에게 호떡을 만들어주곤 합니다. 막걸리 대신 이스트를 넣고 발효한 반죽에 흑설탕과 깨, 땅콩가루를 넣어 구워준 호떡을 아이가 무척 좋아하죠. 다양한 요리에 쓸 수 있어 늘 준비해두는 현미 찹쌀과 차조, 보리, 수수, 기장을 빻아 만든 오곡가루가 있어 호떡을 구워보았더니 그 전에 밀가루 반죽으로 만들던 호떡보다 훨씬 맛있다고 하네요.

  이젠 우리집에서 손꼽히는 간식거리가 된 오곡가루 호떡이지만 이조차도 만들기가 번거로울 땐 동글납작하게 화전처럼 지진 오곡가루 부꾸미를 호박조청에 찍어 먹습니다. 담백하고 고소한 맛이 호떡 못지않아요. 구운 인절미보다 더 고소하면서도 잡곡 특유의 쌉싸래한 맛이 질리지 않아서 그것만으로도 충분히 한 끼 식사를 대신할 수 있어요.

  식사를 하기엔 어중간하고 그냥 넘기자니 출출할 때 한번 만들어보세요. 그러한 시간에 방문한 손님 접대에도 아주 요긴한 음식입니다. 부꾸미를 만드는 오곡가루는 여러 요리에 쓰이기 때문에 항시 마련해두면 좋아요. 현미 찹쌀과 잡곡을 밤새 불렸다가 방앗간에 가서 빻아와 비닐봉지에 조금씩 담아서 냉동 보관해요. 그렇게 한 번만 수고를 하면 필요할 때마다 꺼내 쓸 수 있어서 좋지요.

호떡

재료

오곡가루 2컵
(오곡가루 만드는 법은 48쪽 참조),
다진 호두나 땅콩 4작은술, 통깨 2작은술

양념

구운 소금 1작은술, 원당 수북이 4큰술,
현미유 1/2컵

1. 원당과 다진 견과류, 통깨를 섞어 소를 만든다.
2. 오곡가루에 소금을 넣고 끓는 물로 익반죽한다.■ 이때 손에 달라붙지 않을 만큼 되직하고 말랑하게 반죽하는 게 중요하다.■■■
3. 동그랗게 빚은 후 준비해둔 소를 넣고 팬에 현미유를 두르고 굽는다.

> **TIP ■** 팔팔 끓인 물을 식기 전에 재빨리 부어 반죽하는 걸 익반죽이라고 한다. 쌀에는 밀과 같은 글루텐 단백질이 없어서 반죽했을 때 점성이 있는 반죽이 되지 않는데, 끓는 물을 넣어 열을 가해 전분의 일부를 끈적하게 만들면 점성이 생겨 모양을 만들기가 쉽다.

> **TIP ■■** 오곡가루를 반죽할 때 물의 양은 금세 빻아서 수분 함량이 많을 땐 가루 1컵에 물 1큰술 반 정도이고, 수분이 조금 말랐을 땐 2~3큰술 정도를 넣는다. 오곡가루에 찰기가 있기 때문에 물을 아주 조금 넣는다는 느낌으로 되직하게, 손에 들러붙지 않을 정도로 반죽한다.

부꾸미

재료

오곡가루 2컵
(오곡가루 만드는 법은 48쪽 참조)

양념

구운 소금 1작은술, 현미유 4~5큰술,
조청 3~4큰술

1. 오곡가루에 소금을 넣고 끓는 물로 익반죽한다.
2. 둥글납작하게 빚어 현미유를 두른 팬에서 노릇하게 구워 조청을 곁들여 먹는다.■■■

> **TIP ■■■** 부꾸미는 우리나라 전통 음식으로, 수수가루로 만든 수수부꾸미, 찹쌀가루에 꽃을 얹어 빚은 화전이 있는데, 오곡가루로도 이렇게 부꾸미를 만들 수 있다. 봄에 꽃필 때 진달래꽃이나 금은화, 찔레꽃, 아카시꽃, 배꽃, 앵두꽃 등을 따서 오곡가루부꾸미 위에 얹어 구워주면 한층 멋이 난다.

시원하고 담백한
약선 김치

채식 김치는 냄새를 남기지 않아 좋아요. 강한 양념은 확산되는 에너지 파동을 가지고 있어서 먹으면 마음을 달뜨게 하고 집중력을 흩트립니다. 정신 노동을 하는 사람이나 수험생, 마음의 통제력과 집중력을 높이고 싶은 사람, 화를 줄이고 싶은 사람, 성인병을 가진 사람들은 강한 양념을 피해 먹는 게 좋아요.

오신채를 쓰지 않은 약선 김치

김치의 맛을 결정하는 건 뭐니 뭐니 해도 배추의 품질입니다. 녹색 잎이 많고 속은 노르스름한 연두색 잎으로 꽉 차 있으며, 줄기는 너무 두껍거나 얇지 않고 단맛이 나야 해요. 너무 두꺼우면 김치가 싱겁고 너무 얇으면 시원한 국물이 부족해져요. 화학 비료가 아닌 발효 퇴비나 유기질 비료로 정성 들여 키운 배추라면 고소하고 달착지근한 맛을 가지고 있죠.

그 다음 중요한 것이 맛있는 간장과 햇볕에 말린 색 좋고 맛 좋은 고춧가루예요. 또 배추 절이기도 빼놓을 수 없죠. 배추를 절일 때는 무엇보다 소금이 좋아야 합니다. 청정 바다 염전에서 잘 말린 천일호염(굵은 소금)이 좋아요. 이 소금을 소쿠리에 밭쳐 깨끗한 물을 여러 차례 부어서 간수를 빼주어야 하는데, 이 일이 번거로울 땐 유기농 매장이나 생협에서 파는 소금을 사용하기도 합니다.

배추 절이기가 간단한 것 같지만 세심한 정성이 필요해요. 김치의 섬세한 맛을 결정하기 때문이죠. 보통 크기의 김장 배추 한 포기에 천일호염 두 컵 정도가 필요한데 얇은 잎사귀 부분은 그냥 두고 속을 헤집어 줄기 부분에 켜켜이 소금을 쳐줍니다. 절이는 시간은 어떤 김치 맛을 원하는가에 따라 다르고 저장 기간에 따라 달라요. 시원한 국물이 있는 김치는 서너 시간, 저장 김치는 대여섯 시간 정도 절이는 게 좋습니다. 시원한 김치를 담그려면 절여진 배추 줄기를 꺾어보아 부드럽게 휘다가 부러지는 정도가 좋고, 저장을 길게 할 김치는 부러지지 않을 정도로 절이는 게 좋아요. 김치에 여러 가지 부재료를 넣으면 시원하고 감칠맛을 내는 대신 저장성이 떨어지니 김장김치를 한여름까지 먹겠다는 계획이면 부재료와 고춧가루 양념을 적게 쓰고 약간 짭짤하게 담그는 게 좋습니다.

햇볕에 말린 생식가루와 꿀, 산야초 효소, 과일, 산나물과 텃밭에서 키운 채소로 소박하게 먹는 습관을 들이고 나서는 그렇게도 좋아하던 장아찌, 밑반찬, 여러 종류의 김치를 찾지 않게 되었어요. 익히고 저장한 발효 음식보다는 생명력이 살아있는 음식이 입맛에 더 맞고 몸도 원하더라고요. 그래서 이제는 저장용 김치보다는 샐러드처럼 신선한 김치를 즐겨 담가요. 게다가 젓갈과 파, 마늘을 쓰지 않으니 일도 수월합니다. 그 대신 오곡가루로 쑨 풀에 맛있게 숙성한 집간장과 산야초 효소, 고춧가루를 넣어 간을 맞춰요. 오곡가루 풀도 감초, 둥글레, 표고, 대추, 칡뿌리, 구기자, 황기 등 약초를 우린 물에 쑤는데, 향긋하고 구수한 맛도 맛이지만 김치의 저장성도 높이고 시원하고 감칠맛이 나도록 도와줍니다.

김치를 담그는 날 여느 때처럼 곁에서 배춧속을 얻어먹던 딸아이가 "배추가 맛있어야 김치가 맛있네!" 해요. 그러면서 한마디 덧붙입니다. "전에는 김치를 양념 맛으로 먹었던 것 같아요. 양념 맛으로 먹을 땐 먹고 난 뒤에도 얼얼하고 냄새가 많이 났는데 이렇게 먹으니 속도 편하고 강하지 않아서 좋네요." 채식 김치는 냄새를 남기지 않아 좋아요. 강한 양념은 확산되는 에너지 파동을 가지고 있어서 먹으면 마음을 달뜨게 하고 집중력을 흩트립니다. 정신 노동을 하는 사람이나 수험생, 마음의 통제력과 집중력을 높이고 싶은 사람, 화를 줄이고 싶은 사람, 성인병을 가진 사람들은 강한 양념을 피해 먹는 것이 좋아요.

샐러드보다 깊은 맛
과일보쌈김치와 통배추김치

돼지고기와 김치, 숙주, 고사리를 넣은 녹두부침/ 조개와 매운 고추, 방아 잎을 다져 넣은 부추장떡/ 아홉 가지 재료를 담은 구절판과 겨자장/ 버섯튀김으로 만든 버섯 탕수/ 손수 빚은 쑥 단자/ 잣가루를 얹은 엘에이갈비구이/ 제육보쌈/ 간장 소스를 발라 구운 대하구이/ 겨자 잣즙 소스로 버무린 해파리냉채/ 수정과와 원소병/ 그리고 과일보쌈김치······

출장 연회 사업체가 전혀 없던 삼십여 년 전엔 파티 상차림이 모두 요리 학원의 몫이었습니다. 적게는 백여 명부터 수백 명, 많게는 이천 명분까지 파티 상을 주문받은 적이 있었어요. 메뉴 선정에서부터 테이블 세팅과 식탁을 장식할 꽃까지 내 손길을 거쳐 상에 올렸지요.

그때의 음식 중 가장 인기 있었던 게 과일보쌈김치입니다. 물론 그 당시엔 산낙지와 생굴, 멸치젓으로 양념했지만, 요즘 만드는 과일보쌈김치엔 과일을 더 넉넉히 넣고 젓갈 대신 맛있는 간장과 오곡가루 풀을 쓰고, 때로는 단호박을 쪄서 으깨 넣어요. 상큼하고 깨끗한 맛은 한국인이 아니라도 다들 좋아할 만해요. 샐러드를 능가하는 발효된 채소의 맛을 외국인들도 아주 좋아합니다.

요즘 내가 준비하는 파티상의 메뉴는 이러합니다. 현미 찹쌀과 오곡, 밤, 은행, 잣, 대추, 버섯을 넣은 주먹밥/ 고수와 깻잎을 넣어 만든 장지집이/ 배추, 무, 당근 고추, 연근에 치자불 반죽을 입혀 부친 채소전유어/ 네 가지 콩으로 만든 두부/ 당근, 오이, 고추, 파프리카 등 생채소와 산야초 효소를 넣은 된장소스/ 여러 가지 찐 채소/ 과일보쌈김치와 배추 장김치/ 오곡가루로 찐 통팥시루떡/ 약초 맛물과 들깨가루로 끓인 무청시래기국.

"젓갈과 파, 마늘을 넣지 않아도 이렇게 맛있다니 정말 신기하네요." "김치가 참 시원해요. 깔끔하고 신신하고 짜지 않아서 마치 샐러드를 먹는 느낌이에요." 김치를 맛본 사람들은 새로운 김치 맛에 놀라면서 동시에 "김치엔 파, 마늘이 들어가야 맛있지"라는 고정 관념을 내려놓게 됩니다.

보쌈김치는 손이 많이 가고 공이 더 들어간다는 점 때문에 가끔 뒤로 밀쳐질 때가 있습니다. 그럴 땐 통배추김치를 만들어보세요. 약초물에 쑨 오곡가루 풀이 미처 식기 전에 태양에 말린 고춧가루와 집간장을 풀어 넣고 이삼십 분 정도 지나 고춧가루가 잘 물러지면 무채와 갓, 미나리, 파프리카, 생강 등을 속재료로 넣어 버무립니다. 변화를 주고 싶을 땐 홍시나 찐 단호박을 으깨 넣기도 해요. 김치가 익으면 달큰하고 시원한 감칠맛이 더해져 입맛을 당겨줄 거예요.

또 하나 이 김치가 좋은 점은 먹고 나서도 냄새가 남지 않는다는 거예요. 차 안에서 먹어도 김치를 먹은 줄 모를 정도예요. 그런 점에서 외국인들에게도 더 쉽게 다가갈 수 있어요. 슬로푸드의 대명사이면서 우리나라의 대표 음식인 김치를 세계적으로 바꾸려면 새로운 변화도 수용하는 게 좋아요. 김치의 맛을 변질시키지 않고 오히려 새롭고 신선한 맛을 선보일 수 있는 기회이니까요.

과일보쌈김치

재료
배춧잎 20장, 무 1/2개, 사과 1개, 단감 2개, 배 1개, 미나리 1줌, 붉은 갓 1줌

양념
약초맛물 2컵
(약초맛물 만드는 법은 55쪽 참조),
오곡가루 1.5컵
(오곡가루 만드는 법은 48쪽 참조),
산야초 효소 1/2컵
(산야초 효소 만드는 법은 213쪽 참조),
고춧가루 1컵, 집간장 2/3컵,
구운 소금 1/2컵

1. 겉배춧잎은 따로 떼어내어 절여놓는다.
2. 속배춧잎은 사방 2cm로 썰어서 무와 함께 소금에 절인다. 이때 무도 사방 2cm로 나박썰기한다.
3. 사과와 단감, 배는 껍질째 무와 같은 크기로 썰고, 미나리와 갓은 3cm 길이로 썰어둔다.
4. 절여진 겉배춧잎을 씻어 건지고, 다른 재료들은 그대로 소쿠리에 받쳐서 물기가 빠지게 둔다.
5. 약초맛물을 끓여 물에 갠 오곡가루를 풀어 넣고 되직하게 풀을 쑤어서 식힌 다음 고춧가루와 간장, 산야초 효소로 간을 맞춘다.
6. 겉배춧잎을 뺀 나머지 재료들에 5의 양념을 넣어서 버무린다.
7. 작은 보시기에 겉배춧잎을 놓고 6의 버무린 재료를 담은 다음 보로 싸듯이 겉배춧잎으로 감싸 항아리에 담아 하루 이틀 숙성시킨 다음 먹는다.

> **TIP 배추 절이는 방법**
> 배추를 절일 때 공식은 보통 크기 배추를 반으로 쪼개서 굵은 소금 1컵을 줄기 사이 사이에 고루 뿌려서 절이는데, 바로 먹을 시원한 김치를 만들 땐 4시간 정도, 김장김치처럼 오래 두고 먹을 김치를 만들 땐 6시간 정도 절인다. 절여진 배추를 꺾어보아 배추 줄기가 부드럽게 휘나가 꺾어지면 과일보쌈이니 백김치, 장김치용으로 좋고, 꺾어지지 않으면 김장김치용으로 좋다.

재료

버무리기

통배추김치

재료

배추 2포기, 무 1/4개, 배 3개, 미나리 1줌, 붉은 갓 1줌, 파프리카(노랑, 주황) 각 1개

양념

약초맛물 6컵
(약초맛물 만드는 법은 55쪽 참조),
오곡가루 4컵
(오곡가루 만드는 법은 48쪽 참조),
산야초 효소 1/3컵
(산야초 효소 만드는 법은 213쪽 참조),
고춧가루 3컵, 집간장 1컵,
굵은 소금 4컵, 다진 생강 1큰술

1. 배추를 반으로 쪼개 물에 담갔다가 건져서 굵은 소금을 배추 줄기 속 켜켜이 잘 뿌려 절인다. 1시간마다 뒤척여주어 6시간 정도 골고루 절여지면 씻어 건져 소쿠리에 받쳐 물기를 빼준다.
2. 약초맛물을 끓여 물에 갠 오곡가루를 풀어 넣고 되지하게 풀을 쑤어서 식힌 다음 고춧가루와 간장, 산야초 효소로 간을 맞춰둔다.
3. 무와 파프리카를 곱게 채 썰고 갓과 미나리는 3cm 길이로 잘라두고, 배는 껍질째 반으로 쪼개둔다.
4. 2에서 만든 양념 2컵을 3에 떠 넣고 버무려서 양념속을 준비한다.
5. 씻어 건져둔 배추를 2의 양념으로 치댄 다음 4에서 준비한 양념속을 배춧잎 사이사이에 넣는다.
6. 항아리에 담을 때 반으로 쪼갠 배를 묻어 넣은 뒤 그릇에 남은 양념에 약초맛물을 붓고, 엷은 소금간을 하여 배추가 자작하게 잠길 정도로 붓는다. 이때 약초맛물이 부족하다 싶으면 생수에 짜지 않게 간장을 타서 부어주어도 된다.
7. 각자의 입맛에 맞을 만큼 숙성시킨다.

> **TIP** 상에 낼 때 배추김치를 먹기 좋은 크기로 썰고 배도 큼직하게 썰어 곁들이면 보기도 좋고 맛도 있다. 시원한 김치국물은 밥을 비벼 먹어도, 국수를 비벼 먹어도 맛있다.

재료

버무리기

시원하고 향이 좋은
백김치와 오미자물김치

고요함, 성내지 않음, 남 탓하지 않기, 주어진 모든 작은 일에 전부로 살기, 작은 것을 소중히 여길 줄 알기(작은 돌멩이, 조각구름, 미풍, 새싹, 꽃눈, 이슬, 잔 빗줄기……), 사랑하는 방법 개발하기, 소리 없는 표징들 알아차리기, 소리 속에 고요하게 있기, 진심으로 평화의 도구되기를 원하고 행동하기.

내가 원했던 것들을 적어놓고 때때로 바라봅니다. 라자요가와 명상을 삶의 중요한 축으로 삼고 살아온 지 십여 년, 몸과 마음과 영혼이 더 순수해지고 싶은 소망이 커져가면서 먹성도 바뀌게 되었습니다. 비린내 나는 생선과 핏기 가시지 않은 고기는 물론이고, 생명 에너지의 흐름을 흩트리는 파와 마늘 같은 열성 많은 식품도 멀리하게 되더군요. 그저 자연스럽게 식성이 바뀌고 식성이 바뀌니 몸 세포의 인식 시스템도 변해서 더 맑은 음식, 더 깨끗한 음식을 원하게 되는 것 같아요.

영혼이 원하는 음식과 몸이 원하는 음식이 일치할 때라야 생명이 안정되고 평안해짐을 느낍니다. 지금껏 입맛 당기는 대로 먹어온 수많은 시간 동안 내 몸 세포에 새겨진 욕망의 흔적들을 씻어내려면 아직도 많은 시간이 걸릴 것 같아요. 마음이 이리저리 왔다 갔다 하지 않으면 일상사에 흔들리지 않고 주인공으로서 굳건하게 살아갈 힘이 생기는데, 몸 세포가 협조하지 않는 한, 몸 세포의 진동이 고요하지 않는 한, 평정심을 담기는 어려운 듯해요.

이러한 바람을 품게 되면서 달라진 먹성 가운데 하나가 김치입니다. 그토록 즐기던 젓갈과 마늘, 파의 어지러운 에너지를 감당할 수 없어서 젓갈 대신 오곡가루 풀과 간장을, 마늘 대신 생강을, 고춧가루 대신 파프리카와 배, 갓과 미나리로 김치를 담급니다. 그렇게 하니 김치가 맑고 정갈하고 시원해졌어요. 배를 반으로 쪼개 껍질째 배추김치 한편에 묻어두었다가 김치를 꺼낼 때 한 쪽씩 같이 꺼내 먹으면 그 역시 달고 시원하기 그지없습니다.

고추가 우리나라에 들어오기 전엔 소금이나 간장, 겨자로 김치를 담갔을 거라는데 그 옛날에 담가 먹었음직한 하얀 김치의 맛을 떠올리며 백김치를 담그기도 합니다. 잘 삭은 백김치의 아삭하고 시원한 맛은 샐러드처럼 신선한 감촉을 느끼게 하면서도 깊고 오묘한 발효의 참맛을 알게 해주지요. "아, 이 김치는 왕이 먹는 음식이 아니라 천사가 먹는 음식이네"라던 한 중년 남성의 탄성에 공감하게 됩니다.

백김치만큼이나 오묘한 맛의 물김치도 밥상 위의 서열에서 결코 밀리지 않습니다. 오미자 효소로 만든 이 물김치는 오미자 효소의 발그레한 색과 향이 슬쩍 비켜서서 다른 재료의 맛을 제대로 살려주는 역할을 해요. 오미자에 담긴 시고 짜고 달고 맵고 쓴 다섯 가지 맛을 음미해보세요. 이 다섯 가지 맛을 다 느낄 수 있다면 비교적 깨끗하고 건강한 몸이라고 할 수 있을 거예요.

오미자의 맛들이 두드러지지 않아 물김치로 담글 때는 약간의 소금이나 간장을 더 보태야 간이 맞아요. 오미자는 신장과 폐의 기능을 돕고 혈액 순환을 좋게 하는 효능이 있는 만큼, 오미자로 만든 물김치는 숙취를 풀어주는 효과도 있으니 여러 모로 요긴하게 쓰입니다.

백김치

재료

배추 2포기, 무 1/4개, 배 2개
파프리카(노랑, 주황) 각 1/2개,
미나리 1줌, 청갓 1줌

양념

약초맛물 10컵
(약초맛물 만드는 법은 55쪽 참조),
오곡가루 3컵
(오곡가루 만드는 법은 48쪽 참조),
산야초 효소 1/2컵,
(산야초 효소 만드는 법은 213쪽 참조),
굵은 소금 4컵, 집간장 1컵,
다진 생강 1큰술

1. 배추를 반으로 쪼개 물에 담갔다가 건져서 굵은 소금을 배추 줄기 속 켜켜이 잘 뿌려 절인다. 1시간마다 뒤척여주어 4시간 정도 골고루 절여지면 잘 헹구어서 소쿠리에 건져둔다.
2. 약초맛물을 끓여 물에 갠 오곡가루를 풀어 넣고 되직하게 풀을 쑤어서 식힌 다음 간장과 산야초 효소로 간을 맞춰둔다.
3. 배는 껍질째 반으로 쪼개고 무와 파프리카는 3cm 길이로 채 썰고, 미나리와 갓도 3cm 길이로 썰어둔다.
4. 2의 양념을 3컵 정도 떠서 3의 재료들을 버무린다.
5. 씻어 건져둔 배추에 4를 넣고 항아리에 담은 후 남은 2의 양념을 붓는다.

> **TIP** 백김치는 숙성되어야(겨울엔 일주일 이상, 봄가을엔 3~4일정도) 맛있으며, 국물을 넉넉히 부어두면 나중에 이 김치국물을 넣어 시원한 백김치국수를 만들 수 있다. 김치를 쫑쫑 썰어 넣고 김치국물만 부어주면 된다. 이때, 겨자를 약간 넣어주면 톡 쏘는 맛이 더욱 입맛을 당긴다.

재료

버무리기

오미자물김치

재료

무 1/4개, 배춧잎 2~3장, 미나리 1줌, 사과나 배 1/2개, 대추 3개, 청양고추 1개

양념

오미자 효소 1컵 ■
(오미자 효소 만드는 법은 215쪽 참조),
구운 소금 2~3큰술, 생수 10컵

1. 무는 사방 1cm 정도로 나박썰기하고 배춧잎은 무보다 약간 크게 썬다.
2. 썰어놓은 무와 배추에 소금과 오미자 효소를 조금 뿌려서 10분 정도 절인다.
3. 미나리는 2cm 길이로 썰고, 사과나 배는 무보다 조금 도톰하게 썰고, 대추는 씨를 빼서 채 썰고, 청양고추는 잘게 다져서 절여놓은 2에 넣는다.
4. 이렇게 준비한 재료에 생수를 부어 간을 맞춘다.■■

> **TIP ■** 사과나 배, 앵두, 수박 등의 과일에 오미자 효소를 넣으면 시원한 화채를 만들 수 있다. 여름 음료로 아주 좋다.

> **TIP ■■** 이렇게 담근 오미자물김치는 숙성시키지 않고 바로 먹어도 신선한 맛을 즐길 수 있다. 봄철에는 돌나물로도 물김치를 담글 수 있는데, 향긋한 기운이 느껴져 기분까지 좋아진다.

재료

버무리기

203

새콤하게 입맛을 당기는
배추 장김치

같은 양의 간장과 식초, 설탕을 끓여서 오이에 부어 삭히면 맛있는 오이장피클이 된다는 건 요리에 관심있는 사람이라면 다들 잘 알 거예요. 이렇게 장에 삭힌 아삭한 오이지를 만들다가 가지로 지를 담가 맛있게 드시던 젊은 시절의 엄마 모습이 문득 떠올랐어요. 여름이면 보리밥에 차가운 우물물을 부어 말아 소금에 절인 가지지를 밑반찬 삼아 먹던 담백한 맛이 불현듯 떠오른 거예요. 그때 어린 내게 가지의 약간 아린 듯한 맛은 낯설었지만 쫄깃하게 씹히는 맛이 인상적이었나 봐요. 늘 담가 먹었던 지는 아니어서 한참을 잊고 지낸 가지지 맛이 오이장김치를 담그면서 생각이 났어요.

그래서 "가지로도 담가볼까? 배추를 곁들여서 장김치를 담가도 맛있겠네" "그러면 칼슘과 무기질이 유난히 많은 연근과 우엉으로도 지를 담가도 되지 않을까? 색이 고운 파프리카는 어떨까?" 이렇게 발전해간 아이디어를 실행에 옮겨서 집간장으로 김치를 담가 보았더니 주변 사람들 반응이 좋았어요. 짜지 않아 부담 없이 먹을 수 있고, 새콤하면서도 달착한 맛이 입맛을 살려준다고들 해요. 특히 같이 넣은 연근을 맛보고는 깜짝 놀라요. "연근은 간장조림만 해먹는 줄 알았는데, 이렇게 생연근을 먹을 수 있다는 생각은 못 해봤어요. 아삭하고 맛있네요." 웃음 한가득 머금은 얼굴로 맛있게 먹는 모습을 보면 삭은 희열을 느끼곤 해요.

어렸을 적부터 김치에 관심이 많았던 것이 그런 호기심을 갖게 했던 것 같아요. 열두 가지 김치를 담글 줄 알아야 시집갈 준비가 된 거라는 옛말을 되새기며 명색이 요리 선생인데 적어도 이 정도는 해야 되지 않나 싶어 김장 땐 일고여덟 가지 김치를 담글 정도로 김치에 관심이 많았어요. 그런저런 세월 속에서 탄생하게 된 게 이 장김치입니다.

음식에 꽤나 관심이 많은 사람도 장김치라면 궁중 요리 중의 하나인 장에 담근 물김치만을 떠올려요. 그래서 그게 아니라 "배추를 포함한 여러 가지 채소에다 간장과 식초를 끓여 부어 삭힌 김치이니 장김치라고 이름 지었다"는 설명이 필요할 것 같네요.

지난해 봄, 해남에서 눈발 간간이 날리는 3월까지 배추밭에 널부러져 있던 봄동을 천 포기 넘게 주워와 장김치를 담가서 해를 넘기도록 나눠 먹은 적이 있어요.

이 김치를 맛본 이들은 하나같이 만드는 방법을 물어봐요. 그 성화에 레시피 일러주기 바쁜 어느 날, '아, 이 김치가 새로운 게 아니라 고춧가루가 우리나라에 들어오기 전에는 이런 식으로 김치를 담가 먹지 않았을까?'라는 생각이 문득 들었어요. 이후에 알고보니 이규보 선생이 《동국이상국집》에서 "장에 담근 김치는 여름철에 먹기 좋고, 소금에 절인 김치는 겨울 내내 반찬이 되네"라고 노래했더군요. 호기심에서 출발했지만, 내 생각이 황당한 건 아니네 싶어 빙그레 웃음이 나왔습니다.

이렇게 저장해둔 장김치로 묵은지처럼 지짐이도 만들고 김밥 속 재료로도 쓰고, 장국물로 비빔국수도 만들 수 있고, 양념 소스로 사용하기에도 좋으니 일석 몇 조란 말이 딱 어울려요. 맛있는 음식을 두루두루 만들 수 있는 장김치를 꼭 한번 만들어보세요.

배추 장김치

재료
배추 1포기, 오이 4개, 연근 1개, 가지 2개, 우엉 2개, 풋고추 20개, 파프리카 색깔별로 각 2개씩

양념
굵은 소금 1/2컵, 집간장 3컵, 원당 3컵, 식초 3컵

1. 배추는 4등분으로 쪼개 소금을 뿌리고 서너 시간 절였다가 씻어서 건져놓는다.
2. 오이, 가지, 우엉은 양념이 잘 배도록 껍질에 얇은 칼금을 세로로 그어 놓는다.
3. 고추는 과일 포크로 구멍을 내고, 파프리카는 반으로 쪼개고, 연근은 구멍이 많아서 간이 잘 배기 때문에 덩어리로 준비해둔다.
4. 간장과 식초, 원당▪을 섞어 끓여서 뜨거울 때 준비한 재료에 붓는다.▪▪
5. 다음날 재료를 건져 소쿠리에 밭치고 남은 국물을 다시 한 번 끓여 식힌 다음 재료에 다시 붓는다.
6. 냉장고에서 일주일 정도 숙성시킨 다음 먹는다.

> **TIP▪** 여기에 겨자가루를 풀어 넣어도 독특하고 개운한 맛을 즐길 수 있다. 너무 맵지 않게 1~2큰술 정도만 넣는 게 좋다.

> **TIP▪▪** 간장 양념 소스가 적은 듯해도 하루 지나면 삼투압 작용으로 채소물이 빠져나와서 소스물이 많이 생기고 간도 싱거워지므로 처음에 담글 때는 재료의 2/3 정도만 잠기도록 소스물을 부어주는 게 알맞다. 채소는 건져 먹고 남은 소스로는 샐러드 드레싱이나 비빔국수 양념장으로 활용할 수 있다.

재료

칼금 긋기

버무리기

맛과 풍미를 돋우는
효소와 소스

효소와 소스는 자연식 요리에서 빠질 수 없는 것들이에요. 단순히 맛이 있다는 차원을 넘어 맛의 깊이를 음미할 수 있는 여유를 우리에게 줍니다.

채식 요리의 빛나는 조연

"만들기 쉽고 간결한 음식, 그러면서도 맛있고 영양도 풍부하고 에너지도 가득한 그런 음식이 없을까?" 먹는 일에 관심을 가진 사람이라면 누구나 이런 음식을 원할 거예요. 나의 경우도 예외는 아닌데, 그래서 좋아하고 요긴하게 쓰는 것이 바로 효소(발효액)와 소스입니다.

효소는, 식물이 달거나 짠 성질을 만나 부패의 경계를 넘어서면 생명으로 발효한다는 걸 아는 사람들이 찾아낸 게 아닌가 싶어요. 건강한 미생물로 몸을 채우면 건강해진다는 걸 안 거죠. 흙으로 빚은 커다란 항아리에 여러 가지 먹을거리와 알맞은 양의 설탕물이나 소금물을 넣고 어느 정도 시간이 흐르면 항아리 속 존재들이 각자의 생명을 내어줌으로써 더 큰 에너지를 지닌 다른 형태의 생명체로 변환됩니다.

나는 약초들을 발효해서 '약이 되는 음식'으로 먹고 있어요. 음료로, 약으로, 음식의 양념으로 두루두루 애용하지요. 효소는 유기농 매장에서 구입할 수도 있지만, 다양한 곳에 맘껏 쓰려면 경제적으로도 부담되니 직접 만들어 보세요.

효소를 담글 때 설탕이나 소금의 농도는 부패와 발효의 기준점에 따라 달라져요. 보통 소금의 짠맛은 재료 대비 3~10퍼센트, 설탕의 단맛은 재료 대비 50퍼센트 이상일 때 썩지 않는다는 실험 결과가 있습니다. 수분 함량이 많은 재료는 설탕이나 소금을 그대로 넣고, 수분 함량이 적은 재료엔 시럽으로 만들어 수분을 적당히 보태줘야 발효가 잘 되고 맛있게 숙성해요. 세상일이 직접 경험해보면 더욱 단단히 익어가듯, 음식 만들기 중 가장 섬세하고 관심을 필요로 하는 발효 저장술도 몇 차례 시행착오 겪을 생각을 하면 좀

더 편안한 마음으로 시도해볼 수 있을 거예요.

뭇 생명체와 마찬가지로 이 미생물들도 신선한 아침 햇살과 시원한 바람을 좋아해요. 그래서 될 수 있는 한 동쪽에 항아리를 둡니다. 오후가 되면 서늘해지는 곳이 발효되기 좋은 곳이에요. 무엇보다도 관심과 사랑어린 보살핌을 필요로 하는데, 담그고 나서 보름 정도는 매일 나무 막대로 저어주어 재료들이 서로 화합할 수 있도록 해주면 좋습니다.

요리에 있어 효소처럼 요긴한 것이 소스인데, 지지고 볶고 삶는 대신 살짝 데치거나 찌거나 구운 뒤 그냥 먹어도 좋지만 색과 향이 고운 소스를 곁들이면 맛도 있고 심미적인 안정감도 얻을 수 있습니다. 또 소박하면서도 아름답고, 음식 가짓수가 적어도 영양가와 에너지가 부족하지 않습니다.

과일, 견과, 기름, 효소, 두유, 두부, 간장, 된장, 식초, 조청, 꿀 등이 소스의 주된 재료들이에요. 소스를 만들 때 제일 먼저 고려하는 건 색감입니다. 밥상에 올린 음식에 눈길이 가고 식욕을 돋게 하는 게 색감이거든요. 그 다음엔 채소 요리에 부족할 수도 있는 영양의 배합이죠. 익힌 기름보다는 신선한 날기름을 많이 먹는 게 좋기 때문에 소스에 신선한 기름을 넉넉하게 넣어줘요. 그 다음에 중요한 것은 재료의 맛과 향을 상승시켜주도록 가볍게 양념하여 배합하는 거예요. 잣, 호두, 참깨, 들깨를 듬뿍 넣어 영양의 균형을 잡아주는 것도 잊지 않지요.

만들기 쉬우니 조금씩 만들어 그때그때 먹는 게 좋아요. 2~3일 이상을 넘기지 않는 게 좋습니다. 소스는 채소만 가지고도 멋진 상을 차릴 수 있게 도와주고 신선한 음식을 더욱 맛있게 먹을 수 있는 간단한 요리법이니 주저 말고 만들어보세요.

몸 에너지를 깨우는
산야초 효소

보통은 산야초나 매실, 채소, 과일 등에 흑설탕이나 황설탕을 넣어 효소를 만드는데, 이것은 발효를 돕고 유해 미생물이 생기는 걸 막기 위한 방법이지만 실제로는 당도가 너무 높아져서 재료 특유의 향과 맛을 잃게 하기 쉬워요.

재료에 설탕을 넣고 바로 버무리는 것보다는 설탕 시럽을 끓여 붓는 게 재료의 성질과 풍미를 살리는 데 더 좋습니다.

수분이 많은 재료는 설탕으로 버무렸다가 시럽을 부어야 하고, 수분이 적은 재료는 시럽을 많이 부어야 하는데 잘 말린 재료를 사용하면 시럽만 붓는 게 좋아요. 말리지 않은 재료를 쓰면 제 몸에서 삼투압을 일으키며 내어놓는 수분 함량의 변수가 커지기 때문에 잘 말린 재료를 사용하는 것이 발효의 안정감을 높이고 향도 잘 살릴 수 있어요. 또한 성질이 온화해지는 이점도 있죠. 설탕은 발효되면서 성질이 좋아지기는 하지만 그 자체로 해로운 게 많기 때문에 좀 비싸더라도 유기농 설탕이나 유기농 원당을 사용하는 것이 좋습니다.

음식을 만들 때 단맛 내는 양념으로 설탕 대신 효소를 넣으면 훨씬 깊고 풍부한 맛을 느낄 수 있어요. 산야초 효소에 생수를 타서 희석하면 시원한 음료수가 되고요. 소화가 안 되고 속이 더부룩할 때나 감기몸살 기운이 있을 때, 피로할 때는 원액을 조금씩 입에 머금고 천천히 삼키면 금세 몸이 따뜻해지고 활력이 나는 걸 느낄 수 있을 거예요.

산야초 효소

재료
포공영(민들레), 연자육, 솔잎, 백합 뿌리, 애쑥, 차전초(질경이), 상심자, 감초, 길경, 쇠비름, 차조기, 박하, 금불초, 오가피, 산마, 연뿌리, 두충, 둥굴레, 녹차잎 (이외에도 쑥이나 뽕잎도 쓸 수 있다)

양념
원당

1 잘 마른 산야초 재료와 항아리를 준비한다. ■
2 물기 없이 잘 마른 산야초에 시럽을 만들어 붓는다.
3 산야초 재료 1kg에 필요한 시럽을 만드는 경우, 원당(또는 유기농 설탕) 9kg에 물 15ℓ가 필요하다. 물에 원당이 잘 녹도록 저은 다음 끓인다. ■■
4 시럽을 끓이는 통이 작을 때에는 원당과 물의 양을 3분의 1씩(원당 3kg에 물 5ℓ) 나누어 끓이면 좋다. 1~2시간 정도 센불에서 끓여서 3분의 2 정도로 농축되면(원당 3kg씩 나눠 끓일 경우 한 번에 4ℓ 정도, 합해서 12ℓ 정도), 뜨거울 때 산야초 재료가 담긴 항아리에 시럽을 붓는다.
5 항아리는 서늘한 곳에서 보관하며, 2주 동안은 매일 한 번씩, 그 후로 1달간은 4~5일에 한 번씩 저어준다. 그 뒤 100일~6개월 동안은 젓지 않고 그대로 숙성시킨 후 발효액을 걸러내어 완성한다. ■■■

TIP ■ 재료가 1kg 정도이면 15ℓ 용량의 항아리가 필요하다.

TIP ■■ 끓일 때에는 저으면 안 된다. 저으면 원당이 굳어질 염려가 있다.

TIP ■■■ 완성된 뒤 걸러낸 산야초 재료에 다시 시럽을 만들어 부어(이때 시럽의 양은 산야초 재료의 4배 정도) 한 번 더 효소를 만들 수 있다.

산야초 재료들

미감을 깨우는
오미자 효소

오미자는 색도 곱고 풍미도 특별해서 우리나라에선 귀한 음식 재료로 여겨온 열매입니다. 오미자는 단맛, 짠맛, 쓴맛, 신맛, 매운맛의 다섯 가지 맛이 고루 들어 있다는 뜻으로 붙여진 이름인데, 음식에서 느끼는 이 맛들은 단순히 식욕을 자극하는 것만이 아닌 우리 몸의 여러 기관들을 다스리는 것으로 오장과 육부에 영향을 끼친다고 해요. 이렇게 유용한 약용 식물을 발효해서 두고두고 먹으면 여러 모로 아주 귀하게 쓸 수 있어요.

오미자 효소는 산야초 효소처럼 음식에 넣는 양념으로 많이 씁니다. 독특한 향이 입맛을 살려줘 주로 소스나 드레싱을 만들 때 좋아요. 채소와 과일, 오미자 효소를 넣어 비빈 국수는 인기가 정말 좋습니다. 또한 오미자가 기관지에 좋은 만큼 기침이 날 때 오미자 효소를 입안에 머금고 있어보니 그 효과가 무척 빠르게 일어나더군요. 달콤한 맛과 신선한 향이 기분까지 상쾌하게 만들어주는 오미자 효소를 만들어볼까요?

오미자 효소

재료

오미자

양념

유기농 설탕 ■

1. 오미자를 항아리에 넣고 시럽을 붓는다.
2. 시럽을 만드는 데 필요한 유기농 설탕의 양과 방법은 산야초 효소에 필요한 시럽을 만들 때(213쪽 참조)와 같다.
3. 항아리는 서늘한 곳에서 보관하며, 2주 동안은 매일 한 번씩, 그 후로 1달간은 4~5일에 한 번씩 저어준다. 그 뒤 100일~6개월 동안은 젓지 않고 그대로 숙성시킨 후 발효액을 걸러내어 완성한다.■■ 오미자는 향과 색이 잘 우러나므로 1달 정도만 지나도 먹을 수 있다.

> **TIP ■** 원당은 색과 맛이 진해 오미자의 향을 반감시킬 수 있으므로 원당보다는 유기농 설탕이 좋다.

> **TIP ■■** 완성된 뒤 걸러낸 오미자 재료에 다시 시럽을 만들어 부어(이때 시럽의 양은 오미자 재료의 4배 정도) 한 번 더 효소를 만들 수 있다. 단 이미 오미자의 향과 색이 많이 빠져 나갔으므로, 새 오미자(걸러낸 오미자 양의 3분의 1 정도)를 더 넣어주는 게 좋다.

오미자

채소 요리를 더욱 맛있게 먹을 수 있는
열일곱 가지 소스

우리말로 하자면 양념장이고, 서양 말로는 소스 또는 드레싱인데 큰 차이 없이 쓸 수 있는 용어이다. 굳이 구분하자면 샐러드에 뿌려서 맛을 더해 먹는 것이 드레싱이고, 주로 찍어서 먹는 것은 소스라고 이해하면 된다. 소스의 양은 4인분을 기준으로 했으며, 하루 이틀 정도 냉장 보관할 수 있다. 너무 오래두면 신선한 맛이 떨어진다.

오리엔탈드레싱 생야채 겉절이나 샐러드에 어울리는 새콤달콤한 맛의 소스. 간장의 풍미가 우리 입맛에 잘 맞는다. ❋ 집간장 1/3컵, 현미식초 1/3컵, 꿀 2큰술, 들기름이나 올리브유 2큰술, 다진 청양고추 1~2작은술

호두겨자드레싱 호두의 고소함과 겨자의 매콤함이 잘 어울리는 소스. 과일이나 채소 샐러드에 좋다. ❋ 곱게 다진 호두 3큰술, 구운 소금 2~3작은술, 꿀 2큰술, 식초 2큰술, 겨자 1작은술

홍시드레싱 홍시의 붉은색이 신선한 녹색 채소와 잘 어울리는 소스. 오미자 효소의 달콤함과 향이 돋보인다. ❋ 홍시 2개, 오미자 효소 3~4큰술(오미자 효소 만드는 법은 215쪽 참조), 구운 소금 2~3작은 술

대추드레싱 달콤하고 향기로운 대추의 향이 피로를 풀어주는 소스. 샐러드 드레싱으로 이용한다. ❋ 씨를 빼고 믹서기에 간 대추 15개, 플레인 요쿠르트 1/3컵, 소금 2작은술, 식초 3큰술, 꿀 1큰술

유자청드레싱 은은한 유자향이 샐러드의 맛을 감싸주는 드레싱. 과일 샐러드와 잘 어울린다. ✽ 다진 유자청 3큰술, 식초 3큰술, 소금 3작은술, 들기름 2큰술

된장오미자드레싱 된장과 산야초 효소나 오미자 효소, 들기름이 절묘하게 어울리는 소스로 샐러드 드레싱, 비빔밥 양념장, 상추 쌈장 등 다양하고 요긴하게 쓰인다. ✽ 된장 4큰술, 산야초 효소나 오미자 효소 8큰술(만드는 법은 213쪽과 215쪽 각각 참조), 들기름 2큰술. 식성에 따라 다진 청양고추 첨가

겨자소스 겨자의 톡 쏘는 맛과 새콤달콤한 맛이 입맛을 돋게 하는 소스. 우리나라 생야채 무침에 잘 어울려서 '겨자채'라는 고유한 이름을 가진 요리가 있을 정도다. 겨자소스는 무침 요리의 양념으로도 쓰지만 쌈이나 전병을 찍어 먹는 양념장으로도 쓰인다. 시중에 판매되는 연겨자를 사용하는 것보다 겨자가루를 따뜻한 물에 개어 사용하는 것이 맛도 더 깊고 건강에도 좋다 ✽ 따뜻한 물에 갠 겨자 1큰술, 꿀 2큰술, 소금 2작은술, 식초 2~3큰술

오미자효소소스 오미자의 고운 색과 독특한 향이 샐러드나 비빔국수 양념에 요긴하게 쓰인다. ✽ 오미자 효소 2/3컵(오미자 효소 만드는 법은 215쪽 참조), 집간장 5큰술, 들기름 2큰술, 다진 청양고추 2작은술

고수소스 파나 마늘을 먹지 않는 이에게 좋은 양념장으로 몸을 따뜻하게 해주고 해독 작용이 있다. 국수 양념장이나 전유어 요리를 찍어 먹는 용도로 좋다. ✽ 집간장 6큰술, 다진 고수 4큰술, 다진 청양고추 2작은술, 식성에 따라 참깨나 식초, 참기름 첨가

참깨소스 참깨의 고소함을 최대한 살리고 달착한 집간장과 참기름의 고소함이 입맛을 당겨주는, 우리 전통의 맛이 듬뿍 담긴 소스. 따뜻한 물국수나 나물 비빔밥 양념장으로 주로 쓰인다. ✽ 곱게 빻은 참깨 6큰술, 집간장 6큰술, 참기름 1큰술, 식성에 따라 식초나 다진 청양고추 첨가

참깨겨자소스 고소하고 매콤달콤한 소스로 샤브샤브 양념장으로는 최고다. ✽ 곱게 빻은 참깨 수북이 4큰술, 조청 1~2큰술, 집간장 7큰술, 갠 겨자 1큰술, 참기름 1큰술

들깨소스 고소한 들깨와 들기름향이 우리 입맛에 잘 맞는 소스. 주로 구운 버섯을 찍어 먹거나 채소나 밥을 볶을 때 요긴하게 쓰인다. ✽ 들깨 수북이 4큰술, 들기름 6큰술, 구운 소금 2작은술

참다래소스 참다래의 향과 색이 살아있는 소스로 구운 채소를 찍어 먹거나 샐러드 드레싱으로 좋다. ✽ 참다래 2개, 산야초 효소나 매실 효소 1~2큰술(산야초 효소 만드는 법은 213쪽 참조), 소금 2작은술, 식초 1큰술, 채 썬 생강 2작은술

토마토소스 남녀노소 누구나 편하게 먹을 수 있는 새콤하고 달착한 맛의 소스. 구운 채소를 찍어 먹거나 바비큐, 스파게티, 피자를 만들 때 이용하면 좋다. ✽ 토마토퓌레(만드는 법은 99쪽 참조) 수북이 6큰술, 집간장 2큰술, 조청 1큰술, 생강가루 1/2작은술, 식성에 따라 다진 청양고추 첨가

사과소스 사과와 유자청의 상큼한 향이 돋보이는 소스로 샐러드 드레싱이나 샤브샤브 소스로 좋다. ✽ 믹서에 간 사과 1개, 다진 유자청 1큰술, 식초 2~3큰술, 소금 2작은술, 생강가루 1작은술

두유마요네즈소스 두유와 두부, 잣 향이 어우러진 채식 마요네즈. 부드럽고 향긋하고 고소하면서 깨끗한 맛이 좋다. 마요네즈 대신 쓰이며 샌드위치 만들 때 샐러드 드레싱으로도 좋다. 샌드위치용으로는 두부를 더 넣어 되직하게 만들고, 샐러드용으로는 두유를 더 넣어서 묽게 만드는 게 좋다. ✽ 두유 100㎖, 두부 1/2모, 잣 4큰술, 식초 3~4큰술, 구운 소금 3작은술, 올리브유 6큰술

고추기름소스 고소하고 매콤한 고추기름 향이 식욕을 돋우는 소스. 잡채에 넣거나 꽃빵을 찍어 먹으면 맛있다. ✽ 고추기름(만드는 법은 41쪽 참조) 6큰술, 구운 소금 1큰술, 식초 3큰술

유기농 제품을 살 수 있는 곳

다음은 유기농 제품을 구입할 수 있는 여러 곳들 중에서 비영리로 운영중인 단체들 중 일부만 실은 것이에요. 유기농산물이 값이 좀 비싼 듯해도 가족의 생명과 건강을 위할 뿐만 아니라 땅과 물, 공기에도 좋은 영향을 끼친다는 점을 생각하면, 많은 농부들이 유기농 농법으로 생산할 수 있도록 도시 소비자가 관심을 가져주는 게 우리 모두의 삶을 풍요롭게 하리라고 봅니다. 또 어떤 재료는 생각보다 비싸지 않으니 잘 살펴보길 권해요. 여기서 소개한 단체 외에도 가까운 곳에 유기농 매장이 있다면 관심을 가지고 둘러보세요.

아이쿱(iCOOP)생협 www.icoop.or.kr, 1577-0014

아이쿱(iCOOP)생협은 소비자들이 만들어가는 비영리 소비자 단체로 생산자와의 직거래를 통해 소비자에게 국내산 친환경 유기농 농산물을 공급하고 있다. 오랫동안 교류해온 생산자와 협의하여 계획생산을 실시하고 식품안전 기준을 만들어가고 있으며, 투명하고 안전한 생산·유통 과정인 'A마크' 인증을 통해 생산자, 재배, 필지, 유통 이력 등을 온라인에서 공개하고 있다. 1,200여 가지에 달하는 아이쿱(iCOOP)생협의 친환경 물품은 홈페이지 '온라인 장보기(http://www.icoop.or.kr/coopmall)'를 통해 쉽고 편리하게 이용할 수 있으며, 전국 iCOOP자연드림 매장에서도 구입할 수 있다. 친환경·유기농 인증 농산물 외에도 무항생제·유기인증 축산물과 우리밀 베이커리, 유기 가공식품 외에 설탕, 커피, 초콜릿 등 '공정무역 물품'도 만날 수 있다.

한살림 www.hansalim.or.kr, 02-3498-3600

1986년에 작은 쌀가게로 시작한 한살림은 안전한 먹을거리를 나누기 위해 도시와 농촌의 회원들이 함께 뜻을 모으고 활동하는 비영리 단체이다. 주로 생활협동조합 형태로 운영되고 있는 지역 한살림에서는 도시 회원들이 안전한 밥상차림을 중심으로 친환경적인 생활 실천 운동을 펼치고 있으며, 지역의 특성에 맞게 다른 시민 단체들과도 연대하여 자연과 생명을 지키는 활동을 전개하고 있다. 구매할 수 있는 물품은 각종 유기농산물을 비롯해 친환경 축수산물과 가공 식품, 화장품, 생활용품, 도서 등이 있으며, 일반 조합원들의 참여 속에서 까다롭게 생산·관리되고 있다. 온라인, 오프라인 매장에서 구입이 가능하다.

생협전국연합회 www.co-op.or.kr, 02-324-5488

(사)소비자생활협동조합전국연합회(약칭 '생협전국연합회')는 전국에 있는 여러 생협이 공동으로 만든 생협의 전국 연합 조직으로, 유기농산물을 구입할 수 있는 구매생협 이외에도 대학·의료·문화·노

인·직장·교육 등 다양한 분야에 걸친 67개의 생협들이 전국으로 구성되어 있다. 한눈에 여러 생협들을 접합 수 있어 편리하다. 가까운 곳의 생협에서 조합원으로 가입할 수 있다. 인근 생협 안내는 홈페이지를 참조하면 된다.

두레생협연합회 www.dure.coop/union 02-3283-1290

두레생협연합회는 서울, 경기, 인천 지역의 조합원들에게 사전 주문제를 통한 공동 구매와 산지 직거래 방식으로, 안전하고 믿을 수 있는 우리 농수축산물과 가공 식품, 생활용품 등을 60여 개의 '그루터기나눔(매장)'과 '개별나눔(택배)'의 방식으로 공급하고 있다. 조합원 가입과 구입문의는 홈페이지를 참조하면 된다.

한국여성민우회생협 www.minwoocoop.or.kr 02-581-1675

여성민우회 생협에서는 설탕이 아닌 쌀조청으로 맛을 낸 과자, 껍질째 먹는 사과, 착한 땅에서 자란 쌀과 잡곡 등 친환경 농산물을 이용하여 만든 다양한 가공식품 생활재(물품)를 판매하고 있다. 생활재는 직접 이용할 조합원(회원)이 선정하며, 친환경 유통 인증과 광우병 전수 검사를 통해 철저하게 관리하고 있다. 전화나 홈페이지 주문으로 공급받을 수 있고, 지역 매장에서 직접 구입할 수도 있다.

인드라망생협 www.budcoop.com 02-576-1882

인드라망생협은 불교계에 있는 생협으로, "세계는 서로 연관되어 있어 혼자서는 살아갈 수 없고 모두가 더불어 살아야 그 존재 가치를 가질 수 있다"는 취지 아래 귀농자의 물품, 소농으로 농사짓는 공동체의 물품을 우선 취급한다. 물품 구입 방법은 홈페이지나 전화로 주문 가능하고, 사찰매장(봉은사, 석왕사, 화계사, 능인선원, 맑고향기롭게 등)을 이용할 수 있다.

몸과 마음에 휴식을 주는 샨티의 책들

문숙의 자연식

몸과 마음을 위한 자연 그대로 레시피—자연 건강식, 치유식, 젠 푸드 배우에서 자연 요리 전문가로 돌아온 문숙. 매크로바이오틱, 아유르베다, 음양오행 및 서양의 영양학 이론을 토대로 한 본격 자연식 요리 60선이 문숙의 수십 년 노하우에 버무려져 소개된다. "음식을 먹는 행위는 신과 영혼을 향한 예식"이 되어야 하고, 의식이 깨어 있다면 무엇을 먹어야 할지 자연스럽게 알게 되나는 점을 저자는 강조한다.
문숙 지음 | 268쪽 | 16,000원

문숙의 자연 치유

치유를 위한 비움과 알아차림—명상, 요가, 그리고 자연식 화려한 배우의 삶에서 집착과 욕망을 내려놓은 '자유로운 존재'로 살게 되기까지 배우 문숙이 체험하고 깨달은 것들, 그 길에서 만난 명상과 요가, 자연식의 세계, 그리고 자연스런 삶, 자유로운 삶이란 어떤 것이며, 진정한 자신을 만나는 데 명상과 요가, 음식이 어떤 도움을 주는지 등을 온 마음을 다해 들려주고 있다.
문숙 지음 | 224쪽 | 16,000원

밥맛이 극락이구나 문광부 우수교양도서, 우수환경도서, 대한출판문화협회 올해의 청소년도서

서른 명 스님의 서른 가지 밥 이야기 밥벌이에 쫓겨 제대로 된 밥 한 끼 못 먹고 음식을 대하는 마음마저 소홀해진 요즘 사람들에게 서른 명의 스님이 '먹고 산다는 것'의 참된 의미와 스님들만의 단순명쾌한 요리 비법, 그리고 절집 음식에 얽힌 재미난 이야기까지 구수하게 들려준다.
함영 글·사진 | 272쪽 | 12,000원

밥 짓는 일부터 시작합니다

단단한 일상을 위해 밥상부터 되돌아보다 '음식쓰레기'라는 괴상한 말마저 생긴 요즘, 여전히 맛집에, 먹방에, 야식에 빠져드는 우리는 그 행위로 뭘 채우고 싶은 건지, 깊은 허기의 정체는 대체 무언지, 그 허기를 어떻게 포만감이 아닌 충만감으로 바꿀 수 있을지를 생각하며, 밥 짓는 일부터 다시 시작한 귀농 14년차 저자. 그녀의 '살아있는 밥상'과 '단단한 일상'이 담긴 이야기에 우리의 눈은 맑아지고 마음은 충만해진다.
정청라 지음 | 284쪽 | 15,000원

치유 HEAL — 최고의 힐러는 내 안에 있다

이제 우리 안의 강력한 치유자를 깨워야 할 때이다 넷플릭스의 화제작 〈HEAL〉에 깊이를 더해 만든 책으로, 과학과 영성의 접목에 앞장서 온 디팩 초프라, 조 디스펜자, 아니타 무르자니, 브루스 립턴, 메리앤 윌리엄슨, 켈리 터너 등 과학자, 의사, 영성가들의 통찰과 경험, 정보를 통해 우리 몸의 기적적인 본질과 우리 안의 놀라운 치유력을 이해하게 해주며, 나아가 건강에 대한 수도권을 되찾게 해준다. 2019년 '노틸러스 북어워드' 건강, 힐링, 웰빙 분야 은상 수상작.
켈리 누넌 고어스 지음 | 황근하 옮김 | 288쪽 | 16,000원

긍정의 말이 몸을 살린다

몸은 내가 하는 말을 믿는다 생각과 말, 신념이 건강과 질병에 어떤 영향을 미치는지 그 원리를 밝힌다. 뇌종양 선고를 받았던 저자가 15년간의 관찰과 연구, 구체적인 사례들을 통해 다양한 질병의 근원에 어떤 생각과 핵심 믿음이 있는지를 밝히고, 나아가 부정적인 종자 생각을 제거하는 방법이 무엇인지를 아주 구체적으로 밝혀준다.
바바라 H. 데이먼 지음 | 박요평 옮김 | 410쪽 | 16,000원

땅 에너지를 이용한 자연 치유

땅이 주는 놀라운 치유의 선물 죽음의 문턱에서 땅 에너지의 도움으로 살아난 저자는 자연 에너지가 우리를 어떤 식으로 치유하는지, 몸의 에너지가 어떤 식으로 움직이는지, 어떻게 땅을 밟고 나무를 끌어안아야 하는지 등등 자연 속에서 자신을 치유하는 데 필요한 지식과 구체적 방법을 소개하고 있다.
워렌 그로스맨 지음 | 박윤정 옮김 | 220쪽 | 11,000원

치유자 식물

식물 영과 함께하는 치유 가이드! 이 책은 식물과 동물, 인간 등으로 이루어진 자연 생태계 안에서 이른바 '보이지 않는 것들'이 어떻게 작용하면서 지구를 살아있는 시스템으로 만들고, 나아가 그 위의 뭇 존재들이 서로를 돕고 치유하며 함께 성장해 가는 '공진화의 공간'으로 만드는지를, 특별히 식물의 이야기를 통해서 우리에게 들려주는 아름답고 놀라운 책이다
팸 몽고메리 지음 | 박준식 옮김 | 360쪽 | 18,000원

샨티의 뿌리회원이 되어
몸과 마음과 영혼의 평화를 만들고 나누는 데
함께해 주신 분들께 깊이 감사드립니다.

개인

이슬, 이원태, 최은숙, 노을이, 김인식, 은비, 여랑, 윤석희, 하성주, 김명중, 산나무, 일부, 박은미, 정진용, 최미희, 최종규, 박태웅, 송숙희, 황안나, 최경실, 유재원, 홍윤경, 서화범, 이주영, 오수익, 문경보, 최종진, 여희숙, 조성환, 김영란, 풀꽃, 백수영, 황지숙, 박재신, 염진섭, 이현주, 이재길, 이춘복, 장완, 한명숙, 이세훈, 이종기, 현재연, 문소영, 유귀자, 윤홍용, 김종휘, 이성모, 보리, 문수경, 전장호, 이진, 최애영, 김진회, 백예인, 이강선, 박진규, 이욱현, 최훈동, 이상운, 이산옥, 김진선, 심재한, 안필현, 육성철, 신용우, 곽지희, 전수영, 기숙희, 김명철, 장미경, 정정희, 변승식, 주중식, 이삼기, 홍성관, 이동현, 김혜영, 김진이, 추경희, 해다운, 서곤, 강서진, 이조완, 조영희, 이다겸, 이미경, 김우, 조금자, 김승한, 주승동, 김옥남, 다사, 이영희, 이기주, 오선희, 김아름, 명혜진, 장애리, 한동철, 신우정, 제갈윤혜, 최정순, 문선희

단체/기업

(주)김정문알로에, 한경재단, design Vita, PN풍년, (사)한국가족상담협회·한국가족상담센터, 생각과느낌 소아청소년 성인 몸 마음 클리닉, 경일신경과 | 내과의원, 순수피부과, 월간 풍경소리, FUERZA

이메일로 이름과 전화번호, 주소를 보내주시면 샨티의 신간과 각종 행사 안내를 이메일로 받아보실 수 있습니다.

전화 : 02-3143-6360 팩스 : 02-6455-6367
이메일 : shantibooks@naver.com